World as a Perspective

世界做為一種視野

不尋常的
邊界地圖集

全球有趣的
邊界、領土和
地理奇觀

Zoran Nikolić

佐蘭・尼科利奇———著

林資香———譯

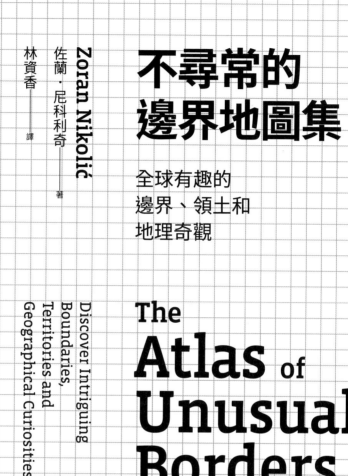

Discover Intriguing
Boundaries,
Territories and
Geographical Curiosities

The
Atlas of
Unusual
Borders

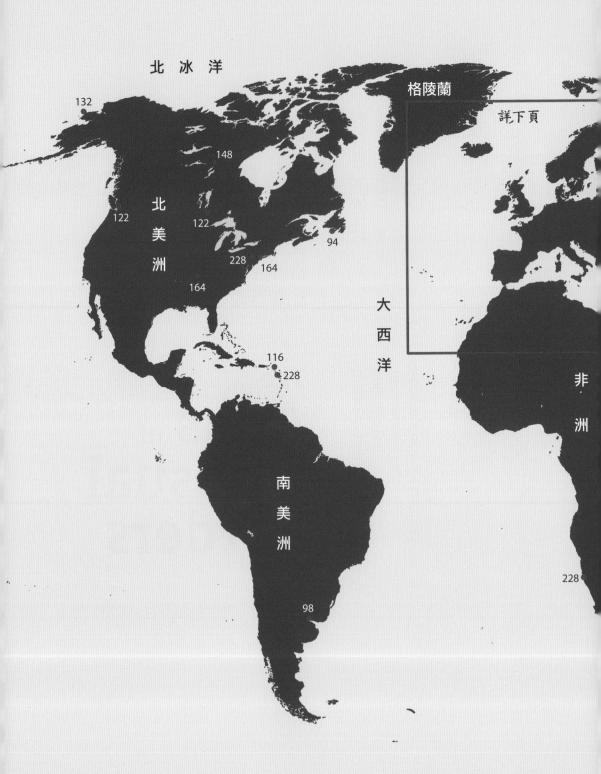

北 冰 洋

格陵蘭

132

148

詳下頁

北
美
洲

122

122

94

228

164

164

南
美
洲

116

228

98

大
西
洋

非

洲

228

歐
洲

亞　　　洲

太
平
洋

黑海

裏
海

阿拉伯海

印
度
洋

澳　　洲

132

242

78

228

188

158

144

98

260

148

178

178

格陵蘭

大
西
洋

北
海

挪
威

愛爾蘭　●246　英
國

56　荷蘭　170　204
212　德國　252
48
比利時
104　216　捷
246●　盧森堡　52　60　奧地
196　瑞士　170　208　①
法國　44

104
256　36
安道爾

義大利

葡
萄
牙　西班牙

地中海　148

●110

摩洛哥　突
尼
西
亞

非　洲

巴爾幹半島

❶ 斯洛維尼亞
❷ 克羅埃西亞
❸ 波士尼亞與赫塞哥維納
❹ 塞爾維亞
❺ 蒙特內哥羅
❻ 科索沃
❼ 馬其頓
❽ 阿爾巴尼亞
❾ 希臘

西撒哈拉　阿爾及利亞　利比亞

●136

目錄

Contents

Contents

Contents

邊界的停駐與遊走

張峻嘉／臺灣師範大學地理學系副教授

邊界是地理學重要的概念，當代人文社會科學各個領域都有愈來愈多的討論。這本《不尋常的邊界地圖集：全球有趣的邊界、領土和地理奇觀》談論當今世界各地不同自然、人文、歷史及社會背景下的邊界故事，對我們（局外人）而言，充滿訝異、驚奇和新鮮；對生活於其上的人們來說，卻可能是命定的必然，充滿著愉悅、無奈、沮喪、不滿等複雜情緒。透過此書，來日我們若有機會拜訪當地，將能深化人文想像與關懷，讓這些「不尋常邊界」不僅僅是一個旅遊地點，更成為深具意義的「地方」。

邊界（border）在人文社會科學領域的相似詞很多，例如英文的frontier、boundary、territory等；以及中文的地界、邊境、界限、領域、疆界、領土等，這些名詞在不同領域各有不同的研究對象（個體或群體）、觀點（社會、政治、文化與經濟）以及其特有定義與意涵，但不論如何，都牽涉到「人」。

或許我們可以從自我邊界、外在邊界及想像邊界三方面來思考。自我邊界啟於胚胎，其後逐漸成形為自我的空間——身體，但他必須借助於所存在的空間——母親的子宮，靠著臍帶與母親身體（宇宙）連結以獲得生命的滋養。這空間限制他的茁壯成長，故當不敷使用時，約十個月後就會脫離第一個啟始空間（子宮），進入當今社會的實質空間中（第二個空間）。當生命終結，離開現世的那天到來，則將進入另一個想像空間中（第三個空間）。[1] 人與人之間的最小物理邊界是皮膚，所以當別人要接觸甚至跨越你的邊界時，必須徵求你的同意，不然就是侵犯，例如：觸摸、擁抱、手術等。身體是人最小的物理空間，由各個器官組成，這裡會有「內飛地」，亦即當某些器官出現問題時，為了延續生命，我們或許會割除、替換器官。但要成為活生生的人，還要有浩瀚虛擬的空間——魂與靈，才能組成完整的自我小宇宙。

啟始空間子宮，是地理學研究人的第一個生存空間，這空間邊界幾乎沒有衝突與矛盾。脫離母體進入的實質暨社會空間，是人在現世存留最久的空間，也成為大多數研究所在，這包括了家庭、學校、職場、社會、行政區域、國家等，有了這些邊界的同時，也形成了認同或抵抗。

我們生活的世界具有有形（實質）的確切物理性邊界，然而另一方面，思維與想像卻可以跨越這實質物理邊界，創造一個虛擬的空間，把實質的物理界線變模糊，有時候生活起來可以更具彈性，但也可能成為衝突的爆發點。

界線的模糊與確切，一直是人類世界的重要課題。原初社會間的界線，一般而言不是剛性邊界，而是模糊邊界概念，增加彼此間的彈性與緩衝；但是現代化國家精準論述後，產生的剛性邊界一刀兩斷，一有爭議就時常發生衝突，如非洲殖民國家的劃界，以經緯度劃界約占四四％，以幾何劃界約三〇％，幾乎不考慮原居人類聚集與活動所占據的地表情況，造成今日的邊界問題。此外，群體占有空間如果擁有的資源分配不均，將會產生應該獨享或是跨界共享、爭奪的問題。這些無不考驗著人們面對邊界時的智慧，也正是本書各種「飛地」的傳奇之處。

人們一方面希望跳脫自我身體的邊界限制，而進入社會群體生活時，卻又用無數界線的劃定，區分我者與他者的認同。從人最初所擁有的共享概念化下之模糊邊界，逐漸演變到今日現代化國家治理，以一條地理界線劃定實質邊界，精確區分了我者與他者的生活空間與歸屬；但是歷史事實告訴我們，這並沒有解決邊界的衝突與矛盾，因為不具人性的實質邊界，無法取代人個體的自我邊界性，以及人群為了尋求認同，在不斷區分你我的情況下，所形成的社會邊界之變動性。

「祖國」概念非原初的人性，而是人群為了治理逐漸建構的集體意識，歐盟建構時，亦曾論戰「歐洲即祖國」、抑或「祖國的歐洲」。邊界的概念一直在改變，十五世紀大航海時代之前，葡萄牙一直都是歐洲觀看世界認為的「地極」，但是一四九三年之後，歐洲對世界的定義自此改變。到二十世紀初，才大體形成了世界各地的邊界。

邊界該強迫停駐，或是自由遊走？本書可以讓我們重新思考，在種種「飛地」所建構的傳奇邊界上，是否有可能塑造一個充滿人性、和諧共享的無邊界性世界，改變今日無人性化的實質邊界世界。

編注1　本文論述的空間界線可參考以下

	宇宙	空間	邊界
自身空間	靈、魂、體	物理空間：身體 虛擬空間：魂、靈	皮膚 模糊（跨越實質）
第一個空間 （啟始）	母親身體	子宮	子宮壁
第二個空間 （實質）	物理宇宙	人居空間（地球） 社會空間	個體、家庭、社會、國家等物理 與虛擬界限
第三個空間 （想像）	天國———地獄 天庭———地府 涅槃、極樂世界	天國———（現世）———地獄 天庭———（現世）———地府 （現世）———涅槃、極樂世界	無限想像的變動與遊走

Fremont A.(1999):la région, espace vécu, Flammarion, Paris

文化差異、歷史恩怨和意識形態的糾結
——東斯拉夫與南斯拉夫民族與邊界之歷史軌跡

崔琳／淡江大學歐洲研究所副教授

東起太平洋、西至波羅的海的歐亞大陸是東西方文明的交匯，遠古時代便有許多民族在此遷徙、居住。古羅斯人在九世紀建立基輔公國，是東斯拉夫的大俄羅斯（俄羅斯族）、小俄羅斯（烏克蘭族）和白俄羅斯族的歷史起源。大俄羅斯族的莫斯科公國在十三世紀崛起，歷經數百年的強盛與擴張後，十九世紀成為橫跨歐亞大陸的沙俄帝國。一九一七年，列寧帶領共產革命，「解放」了受壓迫的各民族，舊帝國的多民族結構自然成為蘇維埃社會主義共和國聯盟（蘇聯）的制度遺緒了。

為了解決民族問題，列寧主張「大民族要補償小民族」，各民族共同組建蘇聯。所有的加盟共和國以民族命名，其下再另建其他少數民族的自治共和國、自治州，及民族自治區等不同層級的民族單位。這樣的制度設計雖然看似符合民族自治，卻導致不平等的階梯式管理，一些族群複雜的地區，例如高加索山區、中亞的費爾干納盆地（Fergana Valley），各民族界線變得更加零散破碎。此外，集體強迫遷移政策更進一步打亂了民族人口結構——蘇聯政府以發展經濟為由，將俄羅斯族以及少數民族遷移至落後地區，改變了各地區原有的社會、經濟與族群關係結構；一九三〇年代在政治鬥爭的背景下，史達林以更激烈的政策，將二十多個數以百萬計的少數民族，強行遷移至落後的西伯利亞、遠東以及中亞地區；該政策持續到二次大戰。強行遷移的民族包含歐俄地區的白俄羅斯、烏克蘭、波蘭、猶太人、波羅的海各民族；高加索地區的車臣；伏爾加地區的德意志人、卡爾梅克人；克里米亞半島的韃靼人。這些少數民族以及黑海沿岸其他少數民族等均難逃「清洗」命運，而原有民族被強制遷出後，空缺便由鄰近的民族或是移入俄羅斯族填補。

彷彿是十九世紀泛斯拉夫主義的延續，東斯拉夫大俄羅斯族建立的蘇聯也成了巴爾幹半島上南斯拉夫民族的範本。在民族複雜、文化多元的巴爾幹半島歷史中，征戰始終頻繁，從一八八二年塞爾維亞獨立建國到一九二九年南斯拉夫王國成立，塞爾維亞人主導的國家政治與鄰近民族便時有衝突；二戰期間，軸心國在此建立的傀儡政府則實施了對塞爾維亞人的民族屠殺。一九四五年，狄托在紅軍的協助下，仿效蘇聯，以民族為單位，建立了「南斯拉夫聯邦人民共和國」，一九六三年更名為「南斯拉夫社會主義聯邦共和國」（南聯），其中包含了塞爾維亞、克羅埃西亞、斯洛維尼亞、蒙特內哥羅、馬其頓、波士尼亞與赫塞哥維納等六個民族加盟共和國。在社會主義的大家庭中，民族之間的競爭與紛擾延續到了聯邦體制之爭，塞爾維亞人主張集權，而克羅埃西亞人和斯洛維尼亞人則要更多的分權與自治。

為了打造一個「南斯拉夫民族」，身為克羅埃西亞人的狄托也採取了民族齊頭式平等的做法——犧牲部分塞爾維亞族利益以提升其他民族與少數民族地位。一九七四年的憲法，大幅提升了塞爾維亞共和國境內科索沃和沃伊沃丁兩個自治省的權力，此舉引發了塞爾維亞族的恐懼，同時也激起了塞爾維亞民族主義，因為南部的科索沃地區主要是以阿爾巴尼亞人為多數，而北部沃伊沃丁那則是匈牙利人的天下。經濟權力下放以及對經濟落後的民族加盟共和國的補貼，也在外債高築的八〇年代引起斯洛維尼亞和克羅埃西亞的不滿。

民族的矛盾與傷害在蘇聯與南斯拉夫的高壓政策之下，並未爆發出嚴重衝突，然而隨著社會主義制度瓦解和社會經濟的惡化，後共時代的意識形態真空被民族主義填補，這些地區的民族問題與衝突更形複雜。不僅是國際社會中突然多了許多從蘇聯和南聯獨立出來的國家，諸多邊界地區也爆發了領土爭議與流血武裝衝突。

高加索南部的兩個前蘇聯加盟共和國——亞美尼亞與亞塞拜然，為了納哥爾諾卡拉巴赫地區（Nagorno Karabakh，亞美尼亞語為Լեռնային Ղարաբաղ，亞塞拜然語為Dağlıq Qarabağ），在一九八八年便爆發了戰爭，雙方互相指責對方進行種族清洗。在中亞，分屬烏茲別克斯坦、吉爾吉斯斯坦、塔吉克斯坦三個國家的費爾甘納盆地，邊界交錯，是中亞飛地最集中的地區，民族、宗教與政治問題也最複雜，至今仍衝突不斷。

一九九一年之後的十年，南斯拉夫陷於內戰，雖然原來的加盟共和國最終得以獨立，然而戰爭期間因民族對立與衝突、種族清洗，犧牲的人數也高達十多萬。蘇聯解體之後，隨即面臨分裂危機，境內民族共和國與民族自治區（例如車臣與韃靼共和國）也提出獨立訴求，不過猶太自治州不在其中，因為這裡早已是俄羅斯族的地方，猶太人口不到該州人口的一％。

一個被歐盟包圍的俄羅斯飛地卡里寧格勒，早已不再是德意志的文化之都「柯尼斯堡」，而是以俄羅斯族為主要居民的軍事重地。歐盟已東擴數次，東歐及波羅的海諸國接受了「哥本哈根標準」，入盟後持續民主化，因此即使瓦爾加（瓦爾卡）被愛沙尼亞與拉脫維亞的國界分開，但是居民互相往來，工作與生活已暢行無阻；目前，巴爾幹地區的阿爾巴尼亞、塞爾維亞、北馬其頓及蒙特內哥羅仍在入盟的談判過程中，民主指日可待。

民族和祖國都是想像的共同體，其中糾結著文化差異、歷史恩怨和各自主張的政治正確，正是這些軌跡，讓我們在今天看到了東歐與前蘇聯地區政治地理的改變以及不尋常的邊界。

邊界一線，有趣的典故中涵藏歷史傷痕

卓忠宏／淡江大學歐洲研究所教授兼所長

政治學中無比重要的領土與主權概念是定義一個國家的重要條件，而邊界這條有形界線就是做為國與國之間領土劃分與權限行使的依據。《不尋常的邊界地圖集：全球有趣的邊界、領土和地理奇觀》展現出世界各地特殊的邊界現象、不同的領土治理形式以及有趣的地理奇觀。

做為一位歐洲研究的愛好者，我以歐洲為例，在歐洲共同市場成立後，會員國之間內部的疆界去除了，國與國之間的人民、貨物、服務、資金可以在歐洲共同市場內部自由流通，這些形成了一些相當獨特的現象，像是很多歐洲國家的邊境城市當中，餐廳、商店、住家橫跨兩國國境者比比皆是。此外，在無邊境明顯區隔的狀況下，法律適用性可以選擇。進出國與國之間，需要通關與證照檢驗，這些對當地人來說都是日常，每天的生活就是無數次的出國與回國，而邊境線則成了觀光客的打卡景點。在治理權部分，市長可以是兩國各自選出的市長共同治理；主權有時如市場買菜，容或討價還價；政治學有關主權與領土的概念，在這裡一律不適用。

在中東歐與南歐，做為歐盟邊境的管控國家，必須面臨大規模移民與難民從地中海東岸與南岸，或是從中亞國家入境歐洲。這些非法移民與難民，所求不外穩定的生活與較好的經濟收入，邊境卻成為他們難以跨越的大鴻溝，隔著邊界一線，遙望他方。對歐洲人來說，難民問題存在著經濟安全與人道關懷的爭論；而對這些離鄉背井的移民來說，卻是夢想與現實之分。

蘇聯與南斯拉夫雖然已經解體，但內部歷史、種族、宗教的糾葛仍持續至今。族群對立、邊境領土糾紛不斷，政治學對主權領土的定義成為這些國家衝突持續、複雜難解的主因。

臺灣做為一個海島型國家，並無任何邊界與其他國家相接壤，對邊界概念可說相當陌生，這本書可以滿足臺灣人對邊界的好奇。作者在書中敘述著有趣的典故，其中有些是歷史悲劇造成的傷痕，有些存在著浪漫故事，有些是美麗的錯誤而造成，有些則是自然景觀改變等因素所形成的特殊現象。從地圖看世界，充滿趣味且深富教育意涵。

把老師與學生從枯燥課堂中
解放出來的地理實境課

藍冠麟／新竹女中地理教師

記得第一次前往德國，挑戰開車自駕，當時的路線是由慕尼黑至新天鵝堡，卻沒想到遇見的第一個難題便是Google規劃的路線，會跨越邊界進入奧地利。然而因為《申根公約》的關係，歐陸國家的邊界沒有出入境的管制，不過一旦跨越邊界，便須付費購買昂貴的通行證。身為精打細算的旅人，此時開始發揮地理老師「探究與實作」的精神，對德奧邊界的路線進行瞭解，並且花時間尋找中途點，以避免跨越邊界。

這樣的經驗令我聯想到，許多學科的應用其實可落實於真實情境之中，這也符應一○八課綱素養導向的精神，而本書的作者，正是建構了這樣的學習情境。

作者是愛德華‧斯坦福旅行寫作獎的得主，擅長透過趣味的文字以及精緻清晰的地圖讓讀者認識世界上許多奇特有趣的故事。

例如大部分的讀者可能不曉得，位於法國與瑞士交界的阿赫貝茲旅館，有同床異國的蜜月套房，睡覺時隨便一個翻身都可能「身首異處」，二戰期間，法國遭德國占領，德國士兵可以待在屬於法國的房間，法國抵抗運動的成員可能就在瑞士這邊的房間備戰。另一個有趣的案例是美國的羅伯茨角，在地理課堂上，美加的邊界在地圖上看似簡單明瞭，根據地理人的直覺，以五大湖與聖勞倫斯河以及北緯四十九度的直線為界已是基本常識，但就在我們總覺得理所當然的情況下，作者總能娓娓道來這裡其實存在著不尋常的故事，每每看完，都會讓人重新思考「邊界」的意義，每個故事的背景埋藏著發人深省的趣味性。

在奇特的邊界地景中，除了知名邊界萬里長城，撒哈拉沙漠也有道長二千七百公里的摩洛哥沙牆，劃分了一片富含磷酸鹽的領土；或又如本書其中一個章節關於「全球鬼城」的整理，提到位於烏克蘭北部的普里彼特，是為了滿足車諾比附近核電廠員工的需求而產生，當時還被蘇聯選為模範市鎮；但一九八六年，車諾比發生核電廠爆炸，普里彼特有大約五萬名居民，在災難發生之後，全都放下手邊做到一半的事，被緊急撤離，因此，孩子們的玩具還留在公園裡，衣物還掛在晾衣繩上，整個城市彷彿消失的龐貝城，時間停止，安靜地記錄了蘇聯時代的末期。

為此我特地以 Google 街景探訪了普里彼特，發現整座城市已經被大自然給接管，成為綠意盎然的鬼城。而這也讓人不禁聯想到二○一一年發生的日本福島核災，地景面貌反覆刮除，重新書寫，然而人類似乎仍在歷史中重蹈覆轍。

筆者於中學任教，時常碰到學生詢問「如何學好地理」？但我更想與學生共同探討的是：如何讓地理成為有趣且引人入勝的學科？我想，本書提供了一些跨域思考的可能性。

本書題材類型多元，觸及的地理疆界廣及全球，細細品嘗書裡的文字與地圖時，總能感受到作者對地理的熱情與迷戀，加上不同主題的獨立篇章，內容有趣卻不長篇大論，適合中學生閱讀，更適合老師們在課堂活動中，啟發學生探索、豐富學生學習，把老師與學生從枯燥的課堂中解放出來，成為真正關心世界的地球公民，謹此推薦之。

旅途雖然目眩神迷，還是要關注「恆不變」

楊念慈／永春高中地理教師

三十多年前，我從雲林來臺北念書。

當時，對於一個北漂異鄉的學子而言，我很努力地學習融入都會生活，探索空間、認識環境是我設定的重要課題，腳踏車則是我在雙北空間遊蕩的主要工具。

對於臺北市和新北市的飛地關係，初來乍到的我或許曾經有過好奇，因為臺北市之於新北市，就像被義大利包圍的梵蒂岡，完全是被封鎖的內飛地；但真正讓我關注再三的卻是以下這些事情：這個陌生環境中什麼地方是有趣的，這些有趣的地方中哪些我想親自走訪，我的時間要如何分配給這些空間，我的卡打車該如何利用最短路徑或最短時程進行空間連結。

後來，對於臺北城的演變及發展有了更多的瞭解之後，我也沒有對此內嵌的特殊行政區界產生太多想法，依舊在想方設法適應既有的空間秩序，特殊的行政區界對我的新生活並沒有產生任何影響。

三十多年之後，習慣了被山被河包圍的臺北市，對於環繞在山、河界線以外的新北市，當然更加覺得理所當然。

地理學關注人與土地的關係。土地就是空間，而空間本身是中立的，並不會因為活動其中的生物種類不同而有區別，除非遭逢火山爆發、地震、海嘯、洪水、土石流之類的巨大變動，否則它的內容本質不會在短期內出現大幅度改變。

地表上的界線則是劃清你我，區分必然清楚，因為那是關乎生存的必要。然而，除了人為的爭奪，大自然的侵蝕、堆積作用也可能讓邊界「模糊」、「改變」或者「消失」，這時候可能紛爭四起，但也存在著合作的機會。不管紛爭，還是合作，目的都是要捍衛生存的權利。

這本有趣的書介紹了非常多奇特邊界的故事，在作者的帶領下，我們得以在地表許多時空快速地跳躍、穿越、翻滾，其中有些情節還真是匪夷所思，遠超出你我所能想像的程度。

在這趟目眩神迷的旅途中，如果您能保持一份平常心，把關注的焦點集中在跨越人種、地域的「恆不變」，那麼您會得到另一種截然不同的視野。

奇特的邊界固然造就了許多奇異的發展，當地居民的所有一切作為，特別在外人眼中覺得不盡合理的部分，終極目的都是為了族群的延續。就像之前我來臺北念書的經驗一般，生存始終是抉擇的首選。所以，毋須太過苛責這些邊界故事的任何一方，因為，大家都只是為了要好好地活下去。

（不）尋常的地理學

在我小時候，光是看一眼地圖，就足以吸引我的注意力、激發我的好奇心，讓我迫切地想知道那些五顏六色的地區與線條代表著什麼、我們住在「這裡」意味著什麼，以及邊界到底是什麼。隨著年紀漸長，對基本地理學略知一二，此時地圖對我來說，更成了一種奇妙而驚人的發明，就像某種旅行機器，讓我得以從印度一下子跳到阿根廷，再從阿根廷跳到澳大利亞，然後又立刻跳到格陵蘭。逐漸的，我在我的地圖與地圖集上發現愈來愈多有趣的細節，包括某些「新」的國家與不尋常的邊界。雖然一路走來所受的教育使我朝向了經濟學與資訊工程學，但毫無疑問的，地理始終是我最喜愛的科學。

然而，地理學究竟是什麼呢？它是一門複雜的學科，研究的是地球上的自然現象與社會現象。地理學（geography）這個名詞源自希臘語的 γεω（geo，意思是「地球」）與 γραφια（graphia，意思是「描述」），因此，這門科學可以被翻譯成「對地球的描述」。

地理學是自然科學與社會科學之間的橋梁，這項事實即可反映出這門科學的複雜性。概括來說，自然地理學關注的是地球整體範圍內的各種自然本質及其知識範疇，包括大氣層、岩石圈、生物圈以及水圈；而社會地理學研究的則是人口、經濟以及聚落。

在研究我們這個藍色星球的自然或社會各個面向時，地理學家總會遇上某些奇特的現象：可能是極為巨大或極其細微的自然特徵、僅發生在少數地點的現象，或是不尋常或不合邏輯的邊界。我們當然不可能在一本書中涵蓋地球所有的奇特與古怪現象，但我希望本書所呈現的，是其中若干最有趣、最不尋常的描述。

基於種種原因，我在一九七五年出生於塞爾維亞中部的上米拉諾瓦茨（Gornji Milanovac），但我只在那裡度過我人生中的頭兩年，我的家人時常搬家，範圍大概多在貝爾格勒（Belgrade）附近。這些搬家的經驗或許影響了童年的我，因為不知從何時開始，年幼的我會時常拿起一份當時的南斯拉夫（Yugoslavia）地圖，試圖找出每個我們曾經住過的地方，從而開始了我對地理學、地圖與地圖集的執迷，且持續至今──即便紙本的地圖如今幾乎已成了過往雲煙。我對數位地圖集完全沒有意見，相反的，我認為它們是使地理物件得以擁有現代化呈現的絕佳方式。然而，我的家中隨時都備有至少一本平面印刷的實體地圖集──即使我一年只會看它一次。雖然我的文憑顯示我是一名資訊工程師，但我的注意力從未稍離地理學與地圖片刻，好些線上地圖集網站更是我的最愛。我花了大量時間瀏覽與分析不同地圖，使我注意到許多不尋常的現象，這些不但為本書的撰寫提供了靈感，更幫助我盡可能將最多的奇特現象囊括進來。

我希望本書能成為一本有趣的補充讀物，提供地理學、製圖學、政治學以及社會學的研究者參考──不論他們是業餘愛好者、專業人士或是學生。本書的撰寫方式讓讀者可以隨機選讀，每位讀者都可以先瀏覽過各個篇章，再找出自己有興趣的部分來細讀。

佐蘭・尼科利奇（Zoran Nikolić）

前言

不尋常的邊界：內飛地、外飛地，
以及其他現象

邊界是地表的傷疤……   *Borders are scars on the face of the planet...*

邊界分隔，只會製造傷疤   *Las fronteras dividen, solo crean cicatrices*

這兩句歌詞來自美國果戈里妓院（Gogol Bordello）樂團的曲子：〈我們再次崛起〉（We Rise Again）。歌曲的第二句譯為：邊界分隔，只會製造傷疤。

自現代文明開始以來，人類始終汲汲於主張自己的領土，並以邊界來定義它，於是這些邊界把土地分割成所謂「我的」以及「你的」。人們說，你得先取得許可才能去看他的山；他們必須先問過你，才能在你的海灘看日落；湖的這邊是我的，另一邊是你的。

邊界不總是以可預測的方式「呈現」，也不總是遵循著簡單而筆直的路線、盡可能不經過任何的曲折與彎曲之處。當邊界未能被清楚明確地加以定義時，就可能產生衝突；但或許，人類總想為自己「爭取更多」的本能，才是造成衝突的主要原因。多年來，大大小小的衝突導致邊界不斷變動，因為人們一直不放棄努力，始終致力於使「『我們的』比『他們的』更大」的夢想成真。

世界政治地圖反映出邊界變動的結果，這些界線標示出人類在地表留下的傷疤痕跡，而且在某些情況下，它們所遵循的路線似乎並不合乎邏輯。

內飛地（某國於此地區的領土，完全被另一個國家的領土包圍住）與外飛地（部分的領地或國土，從本國領土出發後只能穿越另一片領土或另一個國家才能抵達）都是這種奇特的例子。我們可以用圖表來加以解釋：

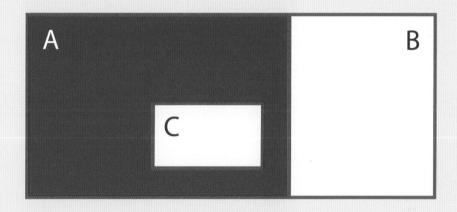

在這個例子中，C是B領土的外飛地，但同時也是A領土中的內飛地。

除了經常被稱為標準內飛地（true enclave）的內飛地之外，還有所謂的準內飛地（pene-enclave），也就是在地理上與本國完全分隔開來的領土，但仍可以不經過另一個國家即可抵達。阿拉斯加就是一例，雖然從陸地上，美國其他地區只能穿越加拿大才能抵達這個區域，但是從海上，卻毋須經過外國的領海即可抵達。或許相當令人驚訝的是，世界上有許多這樣的地區，而且某些地區的情況甚至更為複雜。

地圖圖例

陸地與海洋圖徵

陸地

水域

焦點地區

聯合國緩衝區

建築物

▲ 峰頂

—————— 河流

------------- 非永久河流

—————— 管線

🅖 加油站

邊　界

國際邊界

有爭議的國際
或領土邊界

停火線

行政邊界

焦點地區的輪廓界線

城　鎮

● 焦點城市或城鎮

● 一般城市或城鎮

交　通

—————— 主要道路

—————— 次要道路

— — — — 軌道

－ － － － 鐵路

01
麥主耶傑（Međurječje）
波士尼亞與赫塞哥維納（Bosnia and Herzegovina）｜塞爾維亞

一項結婚禮物演變成
一座內飛地

43º 33' 38"N ｜ 19º 25' 10"E

尼科利奇(Nikolići)

魯多(Rudo)

塞族共和國
（Republika Srpska）
波士尼亞與赫塞哥維納

米奧切(Mioče)

烏斯蒂巴(Ustibar)

普利波伊
（Priboj）

麥主耶傑(Međurječje),
波士尼亞與赫塞哥維納

薩斯塔夫奇(Sastavci)

塞爾維亞

0   2 km

麥主耶傑（Međurječje）這個小村莊距離塞爾維亞、波士尼亞與赫塞哥維納，以及蒙特內哥羅（Montenegro）之間的三國邊界處，僅十五公里之遙。[1]雖然麥主耶傑看起來就跟這個地區的所有村莊沒什麼兩樣，但有個重要的特點使它與眾不同：儘管被塞爾維亞的領土整個包圍住，它卻是屬於波士尼亞與赫塞哥維納的領地。

根據當地一個流傳甚廣的故事，這是由於鄂圖曼帝國時期，一位波士尼亞省督（Bey）把塞爾維亞普利波伊（Priboj）附近約四百公頃的土地與林地送給他的一個妻子；而當奧匈帝國與土耳其之間的分界劃定時，這片土地被波士尼亞併吞了。當時，波士尼亞正被哈布斯堡帝國占領。自此之後，這片土地就被歸屬於波士尼亞與赫塞哥維納的魯多自治鎮（Rudo），同時，麥主耶傑這個村落也在這裡被建立了起來。

南斯拉夫聯邦[2]統一成為一個國家之後，哪片土地屬於哪個共和國或自治省，變得一點也不重要了；因此，是塞爾維亞普利波伊的地方當局為麥主耶傑村提供道路、電力供應、學校和警察局等基礎建設與設施，從而造就了一種奇特的現象：居民向魯多當局（波士尼亞與赫塞哥維納，或者更具體來說，即塞族共和國的分區）繳稅，向普利波伊（塞爾維亞）繳付所有其他的水電費用。

這塊占地將近四百公頃（大約五百五十座足球場大小）的外飛地，就位在距離塞族共和國一公里處。居住在這裡的二百七十位居民，大多是塞爾維亞國籍或雙重國籍。

麥主耶傑村的孩子們跟普利波伊附近村莊的孩子們，都一起上小學，而這間小學雖然坐落於波士尼亞的這塊外飛地上，卻仍然遵循著塞爾維亞的課綱。

另一個奇特的事實是，薩斯塔夫奇（Sastavci）這個塞爾維亞村落的地方管理委員會辦公室就位於麥主耶傑村內，而麥主耶傑村這整座內飛地，卻是由位於米奧切（Mioče）的魯多地方管理委員會辦公室管理。位於塞爾維亞的薩斯塔夫奇村，坐落在這塊內飛地的邊界上，由於麥主耶傑與薩斯塔夫奇這兩個村位置緊鄰、邊界不清，雖然中間有條正式分隔的國界，但在許多方面的運作都宛如同一座村莊。

有趣的是，麥主耶傑也被一條宗教邊界所圍繞：這塊內飛地屬於塞爾維亞東正教的達巴爾波士尼亞（Dabar-Bosnia）大主教教區；然而，周圍的村莊卻屬於米列塞瓦大主教管區（Eparchy of Mileševa）。

一條重要的區域道路穿越這塊內飛地，給普利波伊自治區中若干想前往普利波伊鎮行政中心的村民帶來了困擾，但這個問題尚無達成共識的解決之道。為了「校正」邊界，塞爾維亞建議跟波士尼亞與赫塞哥維納交換領土，但波士尼亞卻認為，在魯多與麥主耶傑之間建立一條走廊是更好的解決方案。

編注1　蒙特內哥羅位於巴爾幹半島西南部，塞爾維亞西方，此處指的十五公里是從麥主耶傑向西行大約十五公里，即是三國交界處。

編注2　南斯拉夫社會主義聯邦共和國是一個存在於 1945 年至 1992 年的巴爾幹社會主義國家，由馬其頓、塞爾維亞、波士尼亞與赫塞哥維納、克羅埃西亞、斯洛維尼亞、蒙特內哥羅等社會主義共和國所組成，首都為貝爾格勒。

02
利維亞 (Llívia)
法國｜西班牙

被賦予城鎮地位而變成
一座內飛地

42º 28' 08"N｜1º 58' 48"E

法　國

安道爾(Andorra)

寶里路斯湖
(Lake Bouillouses)

安道爾城
(Andorra La Vella)

利維亞(Llívia),
西班牙

西　班　牙

0　　　　10 km

利維亞是一個法國境內的西班牙（或者，更確切地來說，是加泰隆尼亞）城鎮，坐落於安道爾以東約二十公里處，距離西班牙與法國邊界約一公里。在法國這座占地十二平方公里的西班牙飛地之中，住有大約一千五百名的居民。

利維亞以一種有趣的方式成為內飛地。一個重要的原因是，利維亞早在中世紀初就被賦予了城鎮的地位，它曾是加泰隆尼亞（Catalonia）的國家之一——色丹尼亞（Cerdanya）——的古都。十七世紀下半葉，西班牙與法國建立起穿越庇里牛斯山（Pyrenees）的邊界時，利維亞扮演了關鍵性的角色。根據邊界協議，西班牙有義務將北色丹尼亞的所有村莊移交給法國，而它也的確這麼做了；但因為利維亞擁有城鎮的地位，西班牙遂得以保留這片獨立的土地。

利維亞的居民經常將他們這個城鎮視為加泰隆尼亞的「發源地」，因為他們在中世紀時的統治者蘇尼弗雷德伯爵（Count Sunifred）是從利維亞自身的統治做起，從而奠定今日加泰隆尼亞的認同基礎。

為了彌補利維亞與其祖國分離，利維亞被分配了一片相當廣大的土地（在地圖上以陰影線標示出來）：位於城鎮以北、沿著寶里路斯湖（Lake Bouillouses）西邊的一片土地。雖然這片土地屬於利維亞，它仍然在法國主權的統治之下；如今，這座位於海拔約二千公尺之上的清澈湖泊，已成為一處極受歡迎的度假勝地。除了觀光旅遊業，它也是酪農業與優質牛乳的重要產地。

成立於十五世紀初的歐洲最古老藥房，就坐落於利維亞境內，這座藥房後來捐贈給城鎮，並成立了一座藥房博物館（Pharmacy Museum），館中的常設展展示了大量藍色陶器（藥用陶罐）的原件收藏品，這些陶器在中世紀的藥房中是被用來儲存藥膏與乾燥藥材。在這些展示品中，包括有大量的古老藥品、化妝品，並擁有歐洲最豐富的處方收藏之一。

儘管利維亞只是個具備田園風味的鄉村，它卻是一處不可小覷的旅遊勝地；不只是因為它的飛地地位，更是因為每年都有一場重要的音樂節慶在此舉辦，使得來自全色丹尼亞地區的最知名音樂家共聚一堂。藥房博物館以及附近山丘上的堡壘廢墟，也是大批遊客趨之若鶩之地。

03
布雷佐維查 (Brezovica)
克羅埃西亞 | 斯洛維尼亞

其中有間房子
似乎不屬於任何國家

45º 41' 27"N | 15º 18' 10"E

克 羅 埃 西 亞

布雷佐維查
布爾美特利卡
（Brezovica pri Metliki）

布雷佐維查尊貝拉卡
（Brezovica Žumberačka），
克羅埃西亞

斯 洛 維 尼 亞

0   250 m

當一個國家分裂時，原本複雜的國內邊界，往往會隨之變成同樣複雜的國際邊界，斯洛維尼亞與克羅埃西亞的某一段邊界——距離克羅埃西亞小鎮卡爾洛瓦茨（Karlovac）不遠處——情況便是如此。在南斯拉夫時期，斯洛維尼亞與克羅埃西亞之間的聯邦邊界（依據當時國家的區域單位）穿越了布雷佐維查村。這個村落最大的一區是布雷佐維查布爾美特利卡（Brezovica pri Metliki），位於邊界上斯洛維尼亞這一側；而較小的一區則是布雷佐維查尊貝拉卡（Brezovica Žumberačka），屬於克羅埃西亞卡爾洛瓦茨郡內的奧扎利（Ozalj）自治區。

布雷佐維查尊貝拉卡雖然只有幾間房子，三十位左右的居民，占地不到兩公頃，但因為「毗鄰」斯洛維尼亞的布雷佐維查布爾美特利卡，使它自成一區；有趣的是，克羅埃西亞與斯洛維尼亞當局似乎都無法完全確定雙方的邊界線到底在哪裡，甚至可能有若干迷你內飛地與外飛地的存在。雖然隨著斯洛維尼亞與克羅埃西亞雙雙加入了歐盟，這種情況已不再構成任何問題，但另一個奇特的事實是：有間房子跟它周圍的土地可能不屬於任何一個國家，使它成為所謂的無主之地（terra nullius），從而生成一個機會，讓人可以用虛擬的方式來宣布這片無主之地為一個獨立國家，網際網路上遂出現了一個新成立的恩克拉瓦王國（Kingdom of Enclava）網站——儘管這個網站與房子本身的居民並無相干。在斯洛維尼亞政府正式宣布此地為其領土之後，虛擬的恩克拉瓦王國便將其領土移到一座坐落於多瑙河上的島嶼，它位於塞爾維亞與克羅埃西亞之間的邊界，是多瑙河上諸多深具爭議的島嶼之一。

同時在這個地區，亦即布雷佐維查東北方約一百公里處，有一個三境邊界區存在於斯洛維尼亞、克羅埃西亞以及匈牙利之間。根據某些地圖指出，斯洛維尼亞位於穆爾河（Mura River）上的一小部分地區，似乎與這個國家的本土分隔了開來，它坐落於匈牙利與克羅埃西亞之間；這片位於兩國之間的無名領土並非真正的內飛地，但絕對是屬於斯洛維尼亞的外飛地，擁有兩處的三境邊界。由於這部分的邊界尚未完全被釐清，未來可能還會變動。

04
義大利坎波內 (Campione d'Italia)
義大利 | 瑞士

距離本國不到一公里，
卻得花將近十五公里的路程
才到得了

盧加諾(Lugano)

盧加諾湖
(Lake Lugano)

義大利坎波內
(Campione d'Italia),
義大利

義 大 利

瑞 士

0　　　　　2 km

盧加諾湖位於瑞士的最南端，跟它同名的盧加諾市就坐落在這座湖的西北岸。三分之二的湖泊及湖岸屬於瑞士，剩下的三分之一則屬於義大利，但屬於義大利那部分的某一塊重要區域卻被瑞士的領土給「包圍」住了。

義大利坎波內（Campione d'Italia）這個坐落於盧加諾湖東岸、盧加諾市東南方的義大利城鎮，涵蓋了約一點六平方公里的面積以及兩千多位的居民。雖然該城鎮距離義大利本土不到一公里，卻被高山阻隔了通往本土的道路，因此，坎波內的居民必須花上將近十五公里的路程，才能到達最近的義大利城鎮。冰川湖泊周遭的優美景致，則吸引了無數遊客前往遊賞。

由於旅遊業與一座大型賭場的加持（坎波內獨特的地位使得此處可經營博弈業與免稅商品銷售），讓這座城鎮變得極為富裕。在這塊內飛地中，賭場是最大的雇主；成立於一九一七年的賭場，原本是一次大戰期間收集各國外交人員資訊的場所，如今卻成了歐洲最大的賭場，並為坎波內帶來充足收入以備稅收之需。賭場屬於國家所有，並由地方管委會經營。

坎波內雖然是義大利主權的領土，但許多服務卻與瑞士連結得更為緊密。首先，官方貨幣是瑞士法郎，但在一般情況下也接受歐元；負責辦理通關手續的是瑞士；汽車使用的是阿爾卑斯聯邦（Alpine Confederation）的車牌；就連電話也是如此：幾乎所有電話都得經由瑞士轉接，因此，從義大利其他地區打到坎波內的電話反而被視為是國際電話。至於地址，用義大利或瑞士的郵遞區號皆可。此外，坎波內的居民就像瑞士居民一樣，有權使用瑞士醫院的服務。

坎波內最重要的一個歷史時刻發生於十八世紀末，當時，提契諾州（Canton of Ticino）加入了瑞士聯邦（Swiss Confederation），而坎波內的居民決定留在倫巴第（Lombardy），這一區後來成了義大利的領土。一九三〇年代中期，當時義大利的元首貝尼托・墨索里尼（Benito Mussolini）為了強調坎波內對義大利的忠誠，決定把「義大利」加在「坎波內」這個城鎮名稱上。

二次大戰期間，坎波內與義大利其他地區幾乎無甚聯繫，反而更像是瑞士的一個邦，因此，這個小城鎮在戰時不像義大利其他地區一樣被德國人占領，戰後也並未被同盟國占領。

坎波內東北方約莫二百公里處，坐落著另一個與瑞士體系有密切連結的義大利城鎮利維尼奧（Livigno，倫巴第語為利芬〔Livign〕，德語為盧溫〔Luwin〕）。雖然利維尼奧並不是一座飛地，但這個城鎮與義大利其他地區有限的交通聯繫，使得它長期以來始終處於一種「免稅」區的狀態。

05

維恩鐵路 (Vennbahn)

比利時｜德國

邊界鐵路所有權
從德國轉移為比利時，
從而形成的內飛地

50º 34' 56"N｜06º 13' 50"E

維恩鐵路

慕斯特比爾琴
(Münsterbildchen),德國

羅埃特根(Roetgen)

羅埃特根瓦爾德
(Roetgener Wald),德國

比 利 時

錫默拉特
(Simmerath)

呂克施拉格(Rückschlag),
德國

比利時

比利時

德國 德國

德 國

米策尼希(Mützenich),德國

蒙紹(Monschau)

魯茲霍夫(Ruitzhof),德國

維恩鐵路

0   3 km

世界上大部分的內飛地，都是由於某些歷史的「遊戲規則」而形成：征服占領、和平協定，以及各種邊界變動。比利時境內屬於德國的五座飛地，無疑是這類領土之中最為奇特之處，而它們全都是由一條被稱為維恩鐵路的鐵道，與德國本土分隔開來。

現在的比利時東部，在十九世紀末時仍屬於德意志帝國（German Empire）；這個地區位於亞琛（Aachen）南方，亞琛曾是法蘭克王國查里曼大帝時期的舊都，該地區的交通是藉由一條看似再尋常不過的橫貫鐵路往返。雖然這條鐵路位於德國境內，路線卻正好沿著比利時的邊界行進；這種情況一直延續到第一次世界大戰結束。戰後，根據《凡爾賽條約》的條款規定，比利時可獲得德國的若干領土；當時，這條鐵路通過的土地，除了幾十公里不屬於德國之外，其餘仍然屬於德國，因此，比利時向協約國要求擁有整條鐵路線的主權並獲協約國應允，從此整條路線以及沿線兩側數公尺的土地，盡歸比利時所有。如此一來，德國的若干區域遂孤立於本土之外，從而成了內飛地。

隨著時間過去，這些飛地有的被併入德國或比利時當中，有的形狀改變了，有的面積增減了，還有的合併或脫離了。在某一段短暫的時間當中，德國的一個區域裡甚至形成了一座小型的比利時逆內飛地（counter-enclave，一座內飛地之中的另一座內飛地）。今日，仍然保留為飛地的地區，包括了慕斯特比爾琴（Münsterbildchen）、羅埃特根瓦爾德（Roetgener Wald）、呂克施拉格（Rückschlag）、米策尼希（Mützenich）以及魯茲霍夫（Ruitzhof）。由於德國與比利時如今皆為歐盟成員，劃定邊界已不再像過去一樣是個大問題。這些碩果僅存的飛地，範圍差異相當顯著：最大的面積約一千兩百公頃，最小的只有一點五公頃左右；同時，人口數也有極大的差異，從四人到二千五百人都有。

這條鐵路最初是用來載運煤礦與鐵礦，後來成了旅遊景點，但隨著時間過去，這項觀光的功能也不復存在了。如今，大部分鐵路已被拆除，路線有很大一部分則被改為愈來愈受歡迎的自行車道與步道，穿過大致平坦的鄉間綠野。

二十一世紀初曾有人建議，既然這條路線已不再做為鐵路使用，維恩鐵路所穿越的土地應該要歸還給德國。然而，比利時與德國總理最近皆不約而同指出，比利時與德國邊界早已被明確界定，沒有必要去改變這樣的現況。

有趣的是，圍繞著這些德國飛地的比利時地區，仍然以德語為其主要語言。

往昔維恩鐵路路線如今已成為自行車道與步道

06

布辛根 (Büsingen am Hochrhein)

德國｜瑞士

不屬於歐盟的德國城鎮

47° 42' 22"N ｜ 08° 41' 21"E

德　國

沙夫豪森
(Schaffhausen)
●

布辛根
(Büsingen am
Hochrhein),德國
●

萊茵河

瑞　士

0　　　　2 km

布辛根（Büsingen am Hochrhein，意即「萊茵河上游的布辛根」〔Buesingen on High Rhine〕）是個德國城鎮，卻完全被瑞士領土所包圍，即沙夫豪森（Schaffhausen）、圖爾高（Thurgau）以及蘇黎世這幾個邦（後面兩個邦是在萊茵河對岸）。布辛根占地約七點五平方公里，人口約一千五百人，與德國其他地區只隔著一片狹長的土地──最窄的部分僅七百公尺寬。

十七、十八世紀期間，沙夫豪森與奧地利之間發生衝突，導致布辛根成了被沙夫豪森包圍住的奧地利領土。十九世紀中葉，德國掌控了布辛根；到了十九世紀末，瑞士准許了布辛根鎮的居民在瑞士境內出售他們的農產品。

第一次世界大戰之後，布辛根舉行了公投，百分之九十六的人口表達加入瑞士的意願，但瑞士拒絕了這項請求，因為它沒有合適的領土來跟德國交換；接下來的二十年中，布辛根的居民又表達過幾次這樣的意願，但結果始終不曾改變。二次大戰期間，瑞士警察不允許德國士兵在布辛根領土內攜帶武器；戰後，布辛根曾被同盟國（精確說來是法國人）短暫占領，但這是只有當瑞士同意的情況下才得行之。

布辛根的地位為它帶來若干不尋常的狀況。首先，雖然德國（西德）是歐盟的創始國之一，這座飛地並不屬於歐盟；這說明了為何布辛根跟列支敦斯登（Liechtenstein）以及義大利的飛地義大利坎波內一樣，都屬於瑞士關稅地區。儘管歐元也可以使用，但瑞士法郎是最廣泛使用且普遍流通的貨幣，因為布辛根的居民大多在鄰近的瑞士城鎮工作，因此，他們的薪資也是以瑞士法郎支付。

瑞士與德國警方都會提出明確規定的官員人數來保護布辛根這座飛地。布辛根有一間為低年級生開設的小學，父母可以決定孩子是要在瑞士或德國的學校繼續之後的學業。瑞士與德國公司則分別以兩國的郵遞區號與電話區碼，為布辛根的居民提供雙邊郵政與電信服務。

雖然從領土主權來說，布辛根屬於德國康士坦茨市（Konstanz），該市的車牌上標注著 KN，但事實上，布辛根有它自己的車牌，上面標注的是 BÜS，這些車輛被視為本地的車子，如此一來，也方便瑞士海關的管控作業。事實上，布辛根大部分的居民都把車子登記在瑞士沙夫豪森邦名下，所以在德國，掛著標注有 KN 車牌的車子少之又少，只有幾百臺這樣的車輛而已。

最後，還有個運動賽事方面的奇特現象：當地的足球俱樂部，是參加瑞士聯賽的隊伍當中唯一的德國隊伍。

布辛根的咖啡廳

07

巴勒 (Baarle)

比利時｜荷蘭

房子的「國籍」
是以前門的位置來決定

51º 25' 59"N ｜ 04º 55' 01"E

荷蘭

巴勒納紹
（Baarle-Nassau）

巴勒赫托
（Baarle-Hertog），
比利時

0   500 m

巴勒是荷蘭南方的一座小城鎮，鄰近荷蘭與比利時的邊界。雖然這條國際邊界蜿蜒於城鎮南方，卻也同時穿越了城鎮本身。

城鎮由兩個部分組成：屬於荷蘭的巴勒納紹（Baarle-Nassau），以及屬於比利時的巴勒赫托（Baarle-Hertog）。比利時的部分包括了鎮上荷蘭區內的二十幾座內飛地，而在這些比利時內飛地當中，還有大約十座屬於荷蘭的逆內飛地；這意味著，雙方的邊界在某些街道數次交會，而且有些房子部分位於比利時、部分位於荷蘭。

一連串源自中世紀的領土劃分、合約簽訂以及領土交換，導致了如此複雜的邊界。雖然這些領土劃分大多在十九世紀中即已底定，雙方的邊界仍然要到一九九五年才完全確定——就在最小的一座比利時內飛地範圍（一塊大約二千六百平方公尺、無人居住的農業用地）終於被確認之際。

為了讓這種撲朔迷離的情況更明朗些（主要是因為有大量的觀光客湧入），邊界往往被實際標示於街道上。同時，由於荷蘭與比利時的門牌編號不同，有時在門牌號碼旁，還會插上一支荷蘭或比利時的旗幟以茲辨識。當邊界穿越一棟房子時，這棟房子的「國籍」則根據前門面對著誰的領土來決定。綜觀歷史，伴隨著荷蘭與比利時的眾多稅率變化，屋主為了少繳一些稅，重新遷移前門位置的情況並不少見。

比利時內飛地的面積，從零點二公頃到一百五十三公頃不等；而荷蘭內飛地的面積，則從大約零點二八公頃到五公頃多不等。除了城鎮之中的內飛地，屬於比利時的巴勒赫托周圍，也有幾座小型的內飛地。

這些飛地的邊界是完全開放的，然而，任何穿越邊界的人都必須充分瞭解有哪些事情在一個國家是被允許的、在另一個國家是被禁止的。舉例來說，在屬於比利時的巴勒有許多煙火商店，但在荷蘭，自由銷售煙火是被禁止的；於是現實情況就變成，許多荷蘭人經常在他們的國定假日前夕跨越邊界去購買煙火、大肆慶祝。前幾年，另一個有趣的做法也相當常見：因為荷蘭餐廳的打烊時間早於比利時的餐廳，在那些被邊界穿越的場所中，當荷蘭的打烊時間到來時，用餐者只要移位到屬於比利時的另一邊，就可以繼續他們的社交活動。

值得一提的是，一次大戰期間，荷蘭是中立國，比利時則被德國占領，因此，巴勒赫托遂成了比利時唯一自由的地區。

08
榮霍爾茨 (Jungholz)
奧地利 | 德國

在山頂的四境交界點
與母國相接

47º 34' 42"N | 10º 27' 20"E

德　國

榮霍爾茨(Jungholz),奧地利

佐格施羅芬山(Mt. Sorgschrofen)

奧　地　利

0　　　　　1 km

榮霍爾茨（Jungholz）這座提洛（Tyrol）邦的奧地利村落，位於海拔一千多公尺處，面積大約七平方公里，居民約有三百人。

這座村落幾乎完全為德國領土所包圍，而它與眾不同的一點是，它與其母國只在一個點相接：超過一千六百公尺高度的佐格施羅芬山山巔（Mt. Sorgschrofen）。

這處邊界是十九世紀中，由巴伐利亞王國（Kingdom of Bavaria）與奧地利帝國（Austrian Empire）所簽署的條約加以訂定；雖然早在十四世紀，它就曾以類似的形態存在。邊界被建立起來之後，榮霍爾茨在經濟上與巴伐利亞緊密相連，之後則換成與德國密不可分；這意味著，德國海關當局掌控著邊境管制，而奧地利與德國的郵遞區號與電話區碼皆可被使用。二十一世紀初，奧地利曾打算廢除榮霍爾茨的德國郵遞區號，但是來自居民的抗議讓有關當局打了退堂鼓，反倒是有提議廢除德國電話區碼、僅保留奧地利電話區碼的計畫。在歐元被引進成為通用的歐洲貨幣之前，只有德國馬克可以在此使用；而即便歐元區建立之後，德國稅法也仍然適用。有趣的是，榮霍爾茨如此獨特的地位，使它成為平均每人擁有銀行數量最多的地方，三間奧地利最大的銀行在這裡都設有分行。

榮霍爾茨讓人深感興趣的另一個現象是，全世界罕見的四境交界點之一就在這裡。所謂四境交界點，就是四個邊境的交界點。以榮霍爾茨的情況來說，兩處奧地利邊界與兩處德國邊界相交，這個交會點有時也被稱為兩國四境交界點（binational quadripoint）或邊界交叉點（boundary cross）。除了這裡之外，全世界只有另外兩地看得到這種四境交界點：比利時與荷蘭邊界處的巴勒（Baarle），以及最近被廢除的一座印度與孟加拉邊界的內飛地。

榮霍爾茨與德國的經濟關聯性強，直到最近，類似的情況仍然存在於克萊因瓦爾瑟塔爾（Kleinwalsertal）——位於奧地利最西邊福拉爾貝格（Vorarlberg）邦的山谷——附近的三個村落。由於地勢環境使然，出入這座山谷的唯一通道就是穿越德國領土，所以山谷幾乎完全隔絕於奧地利的其他地區之外。也因此，在十九世紀上半葉，克萊因瓦爾瑟塔爾被賦予了特殊的經濟地位（免稅區、德國海關管制、使用德國馬克）並保有這些特殊待遇，直到二十世紀末奧地利加入歐盟，簽訂《申根公約》並接受歐元的使用，這些待遇才終止。

09
賽普勒斯及其邊界

昔日富商名流的遊樂場，
如今變成了一座鬼城

35º 09' 01"N | 33º 29' 23"E

地中海

北賽普勒斯治理區

凱里尼亞(Keryneia)

科欣納(Kokkina)／
埃倫柯伊(Erenköy)

尼科西亞(Nicosia)

法馬古斯塔(Famagusta)

瓦羅莎
(Varosia)

聯合國緩衝區(UN Buffer Zone),
綠線(Green Line)

賽普勒斯

拉納卡
(Larnaca)

德凱利亞主權
基地區(Dhekelia
Sovereign Base Area),
英國

詳下

帕福斯
(Paphos)

利馬索爾(Limassol)

亞克羅提利主權基地區
(Akrotiri Sovereign Base Area),
英國

0   50 km

斯特羅維利亞(Strovilia)

法馬古斯塔

瓦羅莎

聖尼古拉奧斯
(Agios Nikolaos)

聯合國緩衝區綠線

克希羅丁布(Xylotymbou)

德凱利亞
(Dhekelia),英國

皮拉
(Pyla)

奧米季亞
(Ormideia)

德凱利亞
發電站

阿依納帕
(Agia Napa／Ayia Napa)

0   5 km

快速瞥過地中海東部的地圖，可能會給人一種印象：賽普勒斯只是一個普通的島國，沒什麼不尋常的政治地理特徵。然而，這樣的第一印象可能會讓人產生誤解，因為這個占地僅約九千二百五十平方公里的島嶼，有著不下四個政治領地與數量眾多的邊界。

長久以來，賽普勒斯的歷史始終深受希臘與土耳其關係的影響，然而，一九六〇年脫離英國治理而獨立，才真正為賽普勒斯眾多境內邊界之中第一道邊界的建立，鋪下了發展的基礎。兩座占了賽普勒斯總面積百分之三的大型軍事基地，至今仍是英國統治之下的英國海外領土（British Overseas Territory）。

接下來的十五年，賽普勒斯的情勢相當不穩定。希臘不斷要求這個島嶼與其統一，而來自北方鄰居土耳其更不時威脅、並利用軍事干預以保護那裡的土耳其人民；一九七四年，這樣的威脅終於成真，土耳其軍隊入侵之後，島嶼北方三分之一的地區很快就被占領了。這個事件也觸發了下一道邊界的形成，它介於由土耳其治理的北賽普勒斯地區[1]與由希臘治理的島上其他地區之間。

聯合國逐漸意識到，倘若不設立中立區，賽普勒斯將永無寧日與和平可言，聯合國緩衝區遂沿著整條劃分希臘與土耳其軍隊的分界線建立了起來。這個地區也被稱為綠線，長度約一百八十公里，寬度則從最寬處的七點五公里、到首都尼科西亞（Nicosia）某些地方僅幾公尺不等。聯合國緩衝區代表著這個分裂島嶼上的第四個政治實體，有著自己的律法與邊界管制；這個區域占地約三百五十平方公里，大約一萬人在此居住並工作。除了有人居住的村落，靠近尼科西亞的分界線也有荒蕪的居處與倉促廢棄的設備，像是汽車展示廳，仍在展示一九七〇年代的「新」車。在綠線區居住及（或）工作的平民百姓，可在大部分的區域中移動通行；不過，某些特定的區域只允許聯合國維和部隊藍盔軍（Blue Helmet）進入活動。雖然聯合國正式承認了賽普勒斯共和國（Republic of Cyprus）在綠線的主權，但在這個四分五裂的島嶼上，綠線本質上是完全獨立的政治與領土區域。

對這個極小的島國來說，彷彿不同的政治實體與各國邊界仍嫌不夠多似的，這裡還有好幾座內飛地、半內飛地（semi-enclave）以及走廊。

第一座不尋常的內飛地是科欣納（Kokkina，希臘名）或稱埃倫柯伊（Erenköy，土耳其名）。這座原為土耳其擁有的小鎮，現在已完全被平民百姓所遺棄，只有一小支土耳其部隊駐紮在這裡；小鎮位於賽普勒斯西部，為聯合國綠線與希臘領土所圍繞，距離北賽普勒斯治理區以外的地區約七公里。

亞克羅提利（Akrotiri）與德凱利亞（Dhekelia）主權基地區這兩座英國的軍事基地構組成英國海外領土，受行政官治理，而行政官也同時身兼武裝部隊指揮官之職。這些基地雖屬英國所有，但根據與賽普勒斯的條約，它們只能做為軍事用途而非商業之用；目前，這片領土是英國唯一使用歐元而非英鎊的地區。亞克羅提利或稱西主權基地區（Western Sovereign Base Area, WSBA），位於賽普勒斯南部、接近利馬索爾（Limassol）之處。德凱利亞的正式名稱為東主權基地區（Eastern Sovereign Base Area, ESBA），則位於島嶼東南部、接近拉納卡（Larnaca）之處。這處基地主要坐落於沿海地區，有一條道路可通往昔日聖尼古拉奧斯村中的通訊基地；這條道路也類似某種走廊，長約十公里、寬僅約一百公尺，亦充當希臘與土耳其軍隊之間的隔離區。

在德凱利亞的主要地區，有三座正式的希臘賽普勒斯內飛地——雖然實際上是四座。兩座較大的內飛地是奧米季亞村（Ormideia，占地一百七十九公頃、居民五千人）與克希羅丁布村（Xylotymbou，占地九十五公頃、居民三千六百人）；在賽普勒斯的土耳其與希臘衝突過程中，這兩座村落安然坐落於英國基地內，代表著和平的綠洲，許多來自島嶼北部的希臘難民也在這裡找到他們的安全天堂。德凱利亞基地區是第三座內飛地，涵蓋了同名的火力發電廠區域；這座火力發電廠坐落於海岸區，北邊有一處員工與來自北賽普勒斯的難民居住的聚落。由於發電廠與這處聚落被一條主權屬於英國的道路分隔了開來，從而形成了兩座獨立的希臘賽普勒斯內飛地；又由於發電廠位於海岸區，沒有任何屬於它的領海水域，因此，它完全被英國軍事基地的土地與海域所包圍。

廣義來說，最知名的旅遊景點阿依納帕（Agia Napa／Ayia Napa）與其周遭皆可被視為一座半內飛地，因為英國的德凱利亞基地將此處與希臘賽普勒斯的其他領土分隔了開來；不過，這個地點仍可透過海上交通自由進出。除了這些內飛地，賽普勒斯還有其他幾處值得關注的地方。

皮拉村（Pyla）坐落於聯合國綠線境內，是賽普勒斯中希臘與土耳其社群共居的罕例。

瓦羅莎鎮（Varosia）就位於賽普勒斯東部、法馬古斯塔（Famagusta）的廣闊海灣上（更準確地說，法馬古斯塔的南郊）。直到一九七四年土耳其軍隊推進至法馬古斯塔之前，瓦羅莎始終是賽普勒斯最知名、最獨一無二的度假勝地，就像是賽普勒斯的摩納哥，當時最如日中天的電影明星，包括伊莉莎白‧泰勒（Elizabeth Taylor）、李察‧波頓（Richard Burton）、拉寇兒‧薇芝（Raquel Welch）以及碧姬‧芭杜（Brigitte Bardot），都是那裡的常客。緊隨著法馬古斯塔的戰役激烈開打，希臘人民倉皇逃往賽普勒斯南部，懷抱著一旦衝突結束、即可返回家鄉的希望；然而，這個願望從未被實現：土耳其當局完全封鎖瓦羅莎，並宣布其為禁區。這種狀態持續至今，瓦羅莎也成了一座鬼城，建築逐漸崩毀，賽普勒斯往昔富商名流的匯聚之地，改由綠意接管了街道。

瓦羅莎附近，有另一處不尋常的聚落。位於德凱利亞軍事基地與北賽普勒斯之間的邊界，有個斯特羅維利亞（Strovilia，土耳其語為阿凱爾〔Akyar〕）小村莊，大小僅為一個足球場，居民也只有大約二十五人。這個村莊的特殊之處是，在一九七〇年代的軍事衝突期間，土耳其軍隊認為斯特羅維利亞位於英國軍事基地內，因此並未占領它；但是數週之後，當土耳其軍隊意識到這個錯誤，聯合國部隊已阻止了這些軍隊的進一步攻擊。因此，在接下來的二十五年中，斯特羅維利亞始終保有這項不尋常的地位，是南賽普勒斯唯一無聯合國「綠線」緩衝區介入、直接與北賽普勒斯治理區接壤之處；然而二十一世紀初，就在土耳其軍隊不顧賽普勒斯、英國以及聯合國的反對並設法占領其一小部分的村莊時，情況有了改變。為了回應土耳其軍隊的侵略，希臘人也對科欣納實施了封鎖。二〇一九年初，土耳其軍隊又對斯特羅維利亞施壓，不但在村落周圍豎立起圍欄與封鎖線，更告知村民，他們現在是住在北賽普勒斯治理區的範圍之中。

尼科西亞（Nicosia，希臘語為萊夫科西亞〔Lefkosia〕，土耳其語為萊夫科沙〔Lefkoşa〕）這座城市同樣值得一提。尼科西亞是賽普勒斯的首府，但也是被綠線穿越的城市，因此，聯合國對其有管轄權。最後，賽普勒斯在二〇一六年終於有了一條時間的邊界，因為當時，北賽普勒斯治理區決定不換成夏季的日光節約時間；這意味著，這座島嶼有一段時間處於兩個不同的時區。不過到了二〇一七年，北賽普勒斯又應當地居民要求，恢復使用日光節約時間。

編注1　北賽普勒斯土耳其共和國通稱北賽普勒斯，位於賽普勒斯北部、地中海東部，1974年由賽島上的土耳其裔宣布獨立建國，但未受國際承認。北賽普勒斯與希臘政府皆占有首都尼科西亞部分範圍。

10

俄羅斯的外飛地

聖科夫梅德韋日耶（San'kovo-Medvezh'ye）
盧特佩三角（Lutepää Triangle）
薩塞靴（Saatse Boot）
卡里寧格勒（Kaliningrad）

有一條禁止車輛停車的道路

聖科夫梅德韋日耶 52º 28' 45"N｜31º 33' 42"E
盧特佩三角 57º 55' 26"N｜27º 40' 56"E
薩塞靴 57º 54' 14"N｜27º 42' 15"E
卡里寧格勒 54º 43' 05"N｜21º 38' 18"E

聖科夫(San'kovo)

俄　羅　斯

梅德韋日耶
(Medvezh'ye)

白　俄　羅　斯

俄　羅　斯

0 ———————— 2 km

俄羅斯是世界上土地面積最大的國家，國土橫跨歐亞兩大洲，亦即東歐與北亞，並由許多自治共和國、地區以及其他領地所組成。然而，即便是這樣的一個大國，也有部分的領土並未與本國國土相連。

白俄羅斯境內的聖科夫梅德韋日耶（San'kovo-Medvezh'ye，俄語為 Саньково-Медвежье）飛地，就是這樣的一片土地；這座內飛地位於戈梅利市（Homyel'／Gomel'）東方約三十五公里、莫斯科西南方約五百三十公里處，占地約四點五平方公里，人口數為零。雖然這裡有兩座小村落，但都被廢棄了；在距離它們一百五十公里之遙的車諾比核電廠發生爆炸之後，村莊的居民們都被撤離，因此，這個地區如今完全禁止居住與任何其他的經濟活動。

關於這座飛地的形成，有幾個不同的理論說法，它現在不常被標示於俄羅斯地圖上的部分原因是，以顯示整個國家的地圖比例尺來說，這座飛地太過微小了，因此無法被標示出來；另外部分原因則是，俄羅斯當局對這個地區興趣缺缺。如今，這裡的村莊大概只有竊賊與偷獵者會來光顧，前者早就把所有房子的門、窗甚至磚瓦、水管「拆解」得一乾二淨；後者則是在白俄羅斯規定的狩獵季節以外的時間，在這裡進行非法狩獵活動。由於俄羅斯警方不會去到這個地區，而白俄羅斯警方又沒有該地區的管轄權，這種情況遂維持至今，而且恐怕會一直保持下去，直到這兩位斯拉夫鄰居對這塊飛地的未來取得共識。

普斯科夫湖
(Lake Pskov)

杜布基(Dubki)

波波維察(Popovitsa)

俄　羅　斯

瓦爾斯卡(Värska)

愛　沙　尼　亞

盧特佩三角
(Lutepää Triangle)

盧特佩

薩塞靴(Saatse Boot)

塞斯尼基(Sesniki)

0   5 km

在普斯科夫湖（Lake Pskov）畔、佩普西湖（Lake Peipus，俄語是楚德湖）南方，位於愛沙尼亞與俄羅斯之間的邊界上，有一座只有十位居民左右的小村莊杜布基（Dubki，或稱圖普卡〔Tupka〕，根據與愛沙尼亞人有血緣關係的當地塞圖〔Seto〕人所使用之語言）。村莊位於一座半島上，自一九二〇年代到二次大戰結束的這段期間，半島都屬於獨立的愛沙尼亞；戰爭結束後，它與一些周邊領土則被併入了俄羅斯。今日，要從俄羅斯走陸上交通來到這座半島，就只能經由愛沙尼亞；然而走水路的話，則可以經由湖泊抵達。這意味著，杜布基並非一座典型的內飛地，雖然它的確是一座為愛沙尼亞領土所包圍的俄羅斯外飛地。

從杜布基半島往南延伸的這條道路，也十分耐人尋味。這條愛沙尼亞的道路，始於杜布基內飛地邊界上的波波維察村（Popovista），接著，往南穿越瓦爾斯卡村（Värska）、盧特佩村（Lutepää）以及塞斯尼基村（Sesniki）。這條本地道路與眾不同之處在於，它在兩個地方穿越了俄羅斯的領土：

| 在瓦爾斯卡村與盧特佩村之間，穿越約五十公尺、被稱為「盧特佩三角」（Lutepää Triangle，亦即愛沙尼亞語的 Lutepää kolmnurk）的俄羅斯領土。
| 在盧特佩村與塞斯尼基村之間，穿越約一公里的「薩塞靴」（Saatse Boot，亦即愛沙尼亞語的 Saatse saabas、俄語的 Саатсеский сапог）。

雖然開車穿越俄羅斯這些地區毋須取得任何特別的許可或簽證，但車輛不得在這條道路上停車——即便他們停車是因為沒油了，車輛的駕駛仍然會被警察審訊；步行穿越該地區是不被允許的。事實上，這些愛沙尼亞村莊藉由一條穿越鄰國的道路相連，使它們成為名符其實的內飛地。二〇〇八年，一條穿越盧特佩三角與薩塞靴的新道路被建蓋了起來，但是比「俄羅斯道路」（Russian road）長了二十公里；愛沙尼亞與俄羅斯最近的談判，使得這些尷尬棘手的邊界可能藉由領土的交換而被「拉直」。

波羅的海

立陶宛

卡里寧格勒(Kaliningrad)

俄羅斯

波蘭

0　　25 km

卡里寧格勒地區（Kaliningrad）是歐洲最大的一座內飛地，占地約一萬五千平方公里，居民近一百萬人；這座飛地的北部和東部毗鄰立陶宛、南部與波蘭相接、西部則面對波羅的海，距離俄羅斯最近的地點，飛行航程也要三百五十多公里。直到二次世界大戰，卡里寧格勒始終是普魯士的一座重要城市，被稱為柯尼斯堡（Königsberg）；戰後，俄羅斯取得德國東普魯士（East Prussia）的北半部，波蘭則取得南半部。該地區直到其時為止的唯一居民——德國人——被逐出，而由眾多俄羅斯人、若干烏克蘭人以及白俄羅斯人取而代之，城市名稱也改成了卡里寧格勒，以紀念自一九一九年起擔任俄羅斯和蘇聯領導人、直到一九四六年去世的米哈伊爾·卡里寧（Mikhail Kalinin）。

卡里寧格勒的經濟受益自它的不凍港以及毗鄰歐盟的位置，擁有全世界百分之九十的琥珀儲量，同時在工業（舉例來說，若干重要的汽車製造廠）與旅遊觀光業方面也取得長足的進展。

近年被俄羅斯併入版圖的克里米亞半島，也可被視為一座內飛地，因為它並未以陸地與俄羅斯相連——儘管俄羅斯修築了一座長達十八公里的克里米亞大橋，以橫跨俄羅斯與克里米亞之間的克赤海峽（Strait of Kerch）。

遠至南端的亞塞拜然，有（或說過去有）兩座村莊是這個高加索國家中的俄羅斯內飛地；根據某些資料來源，亞塞拜然在一九五〇年代中葉將赫拉霍巴（Khrakhoba）村租給了俄羅斯，但隨著時間過去，村民都搬往附近俄羅斯的達吉斯坦共和國（Republic of Dagestan）。尤里亞諾巴（Uryanoba）村是另一座昔日的俄羅斯飛地，這裡的大部分村民也都離開了家園。這兩座村莊的居民大多是列茲金人（Lezgin），眾多高加索民族之一。其後，俄羅斯總統梅德維傑夫（Medvedev）正式簽署了一項法案，讓這兩座村莊重新被納入亞塞拜然的版圖。

在哈薩克（Kazakhstan）境內的另一個有趣的地區，也可被視為一座俄羅斯的（暫時）外飛地。這片圍繞著貝科奴太空發射基地（Baikonur Cosmodrome）[1]的橢圓形土地，由哈薩克租給俄羅斯直到二〇五〇年。在該協議生效期間，貝科奴（Baikonur）擁有「聯邦直轄市」的地位，等同莫斯科、聖彼得堡以及克里米亞的塞瓦斯托波爾（Sevastopol）（烏克蘭並未正式承認俄羅斯對克里米亞與塞瓦斯托波爾的統治權）。這座「太空」的外飛地，占地約六千平方公里，市長則由俄羅斯提名，並經哈薩克總統與俄羅斯總統雙方同意任命。

編注1　貝科奴太空發射基地建於 1955 年，位於哈薩克境內，是前蘇聯所建造的太空飛行器發射場和飛彈試驗基地，現由俄羅斯政府向哈薩克租借。該中心擁有十三個發射臺。

11
中亞的內飛地

一個國家的解體，使十萬人離開了母國國土的懷抱

40° 09' 04"N | 71° 17' 47"E

哈薩克

吉爾吉斯

烏茲別克

塔什干(Tashkent)

薩凡(Sarvan),
塔吉克

巴拉克(Barak),
吉爾吉斯

強凱拉(Chon Kara),
烏茲別克

奧什
(Osh)

贊加爾(Dzhangail),
烏茲別克

霞赫馬登(Shakhimardan),
烏茲別克

凱拉加奇(Kayragach),
塔吉克

索赫(Sokh),
烏茲別克

吉爾吉斯

沃魯赫(Vorukh),
塔吉克

塔吉克

0   50 km

阿富汗

許多國家都有「境內」的內飛地，包括個別的省、州或是其他類似地區之中的聯邦。當國家處於統一的狀態時，這些國境之內的內飛地都不成什麼（大）問題；但如果國家瓦解了，國內的內飛地就會變成真正的國際內飛地，種種的難題與困境也會隨之產生。

蘇聯（USSR）解體與其中亞各共和國宣布獨立的情況正是如此。蘇聯時期，各共和國的邊界是由蘇聯共產黨的領導人決定，而他們認為中亞各共和國的邊界在很大程度上，應該根據該國所使用的語言來加以劃定，因此，理論上，說X語言的村莊應該屬於X共和國，即使這座村莊是被Y共和國的領土所包圍。在蘇聯時期，這樣的情況並不成問題；但時至今日，在獨立的烏茲別克、塔吉克以及吉爾吉斯中亞國家境內已形成了好幾座內飛地，並住有將近十萬的居民。

大部分的內飛地都位於吉爾吉斯：

| 最西部的內飛地凱拉加奇（Kayragach，亦名西加拉哈〔Western Qal'acha〕）為塔吉克的屬地，占地不到一平方公里。目前無法確定這座內飛地是否有人居住。

| 另一座位於吉爾吉斯的塔吉克內飛地是沃魯赫（Vorukh），占地相當廣大而且人口眾多，將近一百平方公里的面積上林立著十七個村莊，總計有超過二萬五千位居民，其中百分之九十五都是塔吉克人。

| 最大的一座內飛地索赫（Sokh）或稱索克斯（So'x）為烏茲別克的屬地，占地超過二百三十平方公里；這片土地的寬度從三到十三公里不等，長度為三十五公里。吉爾吉斯有一條主要的高速公路穿越這座飛地，居住在這裡的四萬三千人（或者根據某些資料來源指出，已超過七萬人）幾乎清一色都是塔吉克人；在所有中亞的內飛地當中，這座飛地顯然是唯一擁有某種類似地方議會機構的所在，其他的內飛地皆為一般村莊，並無獨立的國家機構。

| 霞赫馬登（Shakhimardan）是另一座相當大的烏茲別克內飛地，位於烏茲別

克邊界南方約二十公里處，人口有六千，其中百分之九十以上是烏茲別克人，居住在這片占地約四十平方公里的領土上。

| 強凱拉（Chon-Kara）或稱強古拉（Chon-Qora），是一座位於索赫北方的烏茲別克小飛地，有兩座烏茲別克村莊，占地約三平方公里，距離烏茲別克邊界約三公里。

| 贊加爾（Dzangail）是一座烏茲別克的小飛地，長約一公里，距離烏茲別克邊界約一公里。雖然這座飛地仍然被標示在某些地圖上，但無法確定這座內飛地是否仍存在。

剩下的兩座內飛地位於烏茲別克：

| 薩凡（Sarvan）位於烏茲別克首都塔什干東方約一百公里處。這座塔吉克內飛地距離本國約一公里半，占地八平方公里，居民不到五百人。雖然塔吉克宣稱擁有這座內飛地的治理權，但事實似乎並非如此——根據不同的資料來源顯示，至少自本世紀初以來，所有的政權都掌握在烏茲別克手中，因此，薩凡是否仍以一座飛地的形式存在，尚有待商榷。

| 巴拉克（Barak）這座吉爾吉斯的內飛地，就位於烏茲別克的領土上，又或者不是？這是中亞另一座令人費解的內飛地。根據某些資料來源，這座小型的內飛地坐落於吉爾吉斯與烏茲別克邊界北方數公里處，鄰近奧什（Osh）；其他的來源則聲稱，它並不是（或至少不再是）一座內飛地，而是吉爾吉斯邊界的一座村莊。

中亞（或更確切地說，費爾干納河谷〔Fergana valley〕）飛地的情況顯然令人非常困惑。這三個國家試圖底定它們的邊界，此舉可能導致上述若干飛地的消失、或者併入各自的母國，又或者，這些國家的談判會帶來更多新的內飛地與邊界，誰知道呢？

12
馬德哈與那赫瓦 (Madha and Nahwa)
阿曼｜阿拉伯聯合大公國

這些飛地的國籍，
由居民選擇

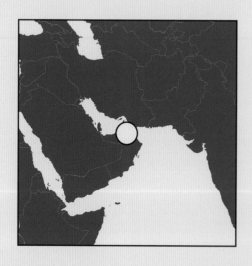

25º 16' 47"N｜56º 16' 50"E

阿曼灣

阿拉伯聯合大公國

豪爾費坎(Khor Fakkan) ○

馬德哈(Madha),
阿曼 ●

那赫瓦(Nahwa),
阿拉伯聯合大公國

0   2 km

阿拉伯半島是西南亞的一座大半島，富含石油與天然氣資源。由於沙漠覆蓋了這座半島的大部分地區，因此，半島上各國的邊界在很大程度上並未被清楚地界定，尤其沙烏地阿拉伯與其南方、東南方鄰國——葉門、阿曼以及阿拉伯聯合大公國——之間的邊界，更是如此。

在這座半島上，即使在邊界已被相當清楚界定之處，仍有一個奇特的現象存在：阿拉伯聯合大公國領土之中有一座阿曼的內飛地，亦即馬德哈小鎮（Madha）；但這座小鎮之中，卻又有另一座阿拉伯聯合大公國的逆內飛地——那赫瓦村（Nahwa）。

馬德哈是一座相當大的內飛地，占地七十五平方公里，居民約三千人。這座內飛地的大部分地區都無人居住，除了幾座零星散布的小村莊，以及位於飛地東部、與其同名的小鎮，也被稱為新馬德哈（New Madha）。這座小鎮擁有日常生活所需的一切，包括警察局、學校、銀行、水電供應等一應俱全，甚至還有一座機場。

馬德哈往西不到十公里處，沿著一條路況良好但曲折蜿蜒的道路前行，即可來到阿拉伯聯合大公國的逆內飛地那赫瓦。這座內飛地由兩個小鎮組成：極為富裕的新那赫瓦（New Nahwa），擁有大約四十棟住宅、一間警察局、鎮民專屬的診所以及井然有序的街道；另一座是貧窮髒亂的舊那赫瓦（Old Nahwa），布滿隨意蔓延、未經鋪砌的街道。

這座內飛地與逆內飛地的獨特情況，源自於二次大戰之間當地部落所做的一項民主決定；當時有些部落選擇併入阿曼、有些則傾向於併入阿拉伯聯合大公國，他們「公投」決定的結果落實之後，導致了這些邊界的產生。

這兩座飛地的北邊，還有另一座屬於阿曼的小型準內飛地（半內飛地），與母國之間隔著阿拉伯聯合大公國的土地以及阿曼灣的水域。穆桑達姆半島（Musandam Peninsula）有著極為崎嶇的海岸線，從戰略上控制了荷姆茲海峽（全世界有三分之一的油輪會通過這座海峽），該地區是庫姆扎里（Kumzari）語的發源地，庫姆扎里語是阿拉伯半島上唯一來自波斯部族的語言。穆桑達姆半島的險峻高山與壯觀峽灣，與阿拉伯半島上一望無際的平坦海岸線，形成了極為鮮明的對比。

13
亞美尼亞───亞塞拜然邊界

爭取獨立的自治區

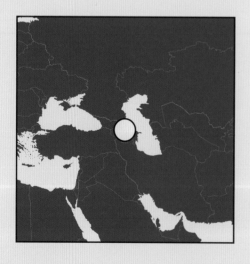

39º 31' 34"N | 45º 31' 0"E

提比里斯(Tbilisi)

喬 治 亞

阿斯基帕拉(Askipara),
亞塞拜然

巴庫達利(Barxudarli),
亞塞拜然

亞斯法森
(Artsvashen),
亞美尼亞

基洛瓦巴德
(Kirovabad)

亞 塞 拜 然

葉里溫(Yerevan)

亞 美 尼 亞

卡爾基(Karki),
亞塞拜然

土耳其

納戈爾諾卡拉巴赫
(Nagorno-Karabakh／
Dağlıq Qarabağ),
實際控制區

納希契凡
(Nakhchivan),
亞塞拜然

伊 朗

0   50 km

複雜的邊界以及勉強的妥協，是造成誤解、衝突，甚至戰爭的絕佳源頭；蘇聯解體之後，這樣的情況就發生在高加索山脈（Caucasus Mountains）的南坡。基督教國家亞美尼亞與穆斯林國家亞塞拜然之間長達數世紀以來的緊繃關係，隨著蘇聯時期建立起來的自治省與飛地而加劇；而在前蘇聯共和國紛紛宣布獨立之後，情況又更形惡化。

以往的各個共和國在蘇聯解體時紛紛獨立，若干自治省也開始爭取獨立，譬如納戈爾諾卡拉巴赫（Nagorno-Karabakh），這個亞塞拜然自治區的人口幾乎清一色都是亞美尼亞人。在亞美尼亞與亞塞拜然宣布獨立之後，納戈爾諾卡拉巴赫也展開了邁向獨立的腳步，並自行命名為阿特沙克共和國（Republic of Artsakh），從而引發了前鄰國之間的血腥戰事。

亞美尼亞與亞塞拜然這兩個蘇聯共和國之間的情況，相當複雜：亞塞拜然的境內有一個亞美尼亞的自治區納戈爾諾卡拉巴赫、一座亞美尼亞的內飛地以及它自己的外飛地；另一方面，亞美尼亞境內也有三座亞塞拜然的內飛地。

亞斯法森（Artsvashen，又稱「鷹城」〔Eagle City〕）是位於亞塞拜然西北部的一座亞美尼亞內飛地小鎮，占地約四十平方公里。雖然「根據文件紀錄」，這座小鎮仍然屬於亞美尼亞，但自一九九〇年代初亞美尼亞與亞塞拜然戰爭爆發以來，這個城鎮幾乎擠滿了來自其他地區的亞塞拜然難民。

亞塞拜然有另一座大型的外飛地叫納希赤凡（Nakhchivan），位於亞美尼亞南部、伊朗北部。第一次世界大戰以及鄂圖曼帝國殞落之後，蘇聯占據了高加索山脈以南的整個地區，納希赤凡成了亞塞拜然的屬地——雖然直到十九世紀以及這個國家發生種族大屠殺之前，這裡的居民始終以亞美尼亞人為主。今日，納希赤凡在亞塞拜然境內雖有自治共和國的地位，仍然承受著亞美尼亞與亞塞拜然之間的衝突與邊界封閉的痛苦。由於納希赤凡毗鄰亞美尼亞、伊朗和土耳其，它並不是一座真正的內飛地。

有趣的是，納希赤凡雖為亞塞拜然的外飛地，卻在亞美尼亞境內擁有它自己的外飛地。直到一九九〇年代的戰爭以前，卡爾基（Karki）始終是一座內飛地，占地約二十平方公里，居民皆為亞塞拜然人；如今，它也被稱為提格朗納申（Tigranashen），是一座亞美尼亞人居住的村莊，大多是來自亞塞拜然的難民。之前住在卡爾基的居民大多數都搬往納希赤凡，在那裡建立了一座新的村莊，叫新卡爾基（New Karki）。

巴庫達利（Barxudarli）是位於亞美尼亞北部、一座原本屬於亞塞拜然的外飛地。目前，這座外飛地占地超過二十平方公里，居民多為清一色的亞美尼亞人；而亞塞拜然人則小部分出於自己的意願、大部分受到壓力所致，離開了這座外飛地而返回本國居住。距離巴庫達利不遠處，還有兩座無人居住的小型亞美尼亞內飛地。

再往北邊，另有一座原本屬於亞塞拜然的外飛地阿斯基帕拉（Askipara／Əskipara），這座村莊在戰時幾乎被摧毀殆盡，如今只剩下斷垣殘骸的屋舍地基。

14
蘇萊曼沙阿陵 (Tomb of Suleyman Shah)
敘利亞｜土耳其

尚未安息的陵寢

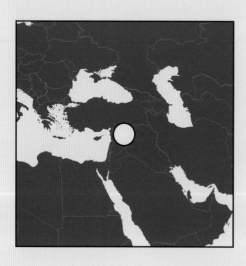

35° 57' 03"N｜38° 23' 08"E

土 耳 其

艾因阿拉伯
(Ayn-al-Arab／Kobane)

2015年起

1973–2015年

幼發拉底河

阿勒坡(Aleppo)

阿薩德湖(Lake Assad)

1973年以前

敘 利 亞

0   20 km

世界上大部分的內飛地都有人居住，儘管有些只被用於生產，而其中大部分都被做為農業用途。此外，還有一些內飛地除了純粹歷史意義，沒有其他存在的理由，位於敘利亞的土耳其內飛地蘇萊曼沙阿陵（Tomb of Suleyman Shah），情況正是如此。

蘇萊曼·沙阿（Suleyman Shah）是土耳其歷史上的一位重要人物：他是奧斯曼一世（Osman I）的祖父，而奧斯曼一世開創了有史以來最偉大的政權之一——鄂圖曼帝國。根據一項傳說，蘇萊曼·沙阿淹死於幼發拉底河，儘管歷史學家並未證實這項傳言。的確可能有一個蘇萊曼·沙阿淹死於幼發拉底河，但並不是奧斯曼一世的祖父，而是另一個土耳其國家的開創者，而這個國家後來又併入了鄂圖曼帝國。

儘管如此，普遍為人所接受的說法是，蘇萊曼沙阿陵過去坐落於一座構築有城堡的山丘上，山丘則位於幼發拉底河岸，距離現在的土耳其與敘利亞邊界以南約一百公里處。土耳其與敘利亞之間的邊界地區，以往曾為法國的殖民地，是根據土耳其與法國在一九二一年所達成的和平協議而設立；這項協議規定，蘇萊曼沙阿陵所在的這片土地（Qal'at Ja'bar，賈比爾城堡山丘，占地不到一公頃）仍應為土耳其所有，並可配備一小支土耳其的儀仗隊。

然而，這樣一座內飛地的存在好像還嫌不夠奇特似的，在幼發拉底河上建築的人工大湖阿薩德湖又衍生出另一種不尋常的狀況。由於這座陵墓有被洪水淹沒的風險，土耳其與敘利亞遂同意將這座內飛地遷移至幼發拉底河上游七十公里處，距土耳其與敘利亞邊界僅三十五公里（天知道他們為什麼不把這座內飛地移往邊界，讓它得以與土耳其的其他地區「統一」？）總而言之，直到二〇一五年初敘利亞的衝突升級之前，這座陵墓始終被安置在幼發拉底河畔的一座小半島上。接著，考慮到伊斯蘭國（Islamic State, ISIS）戰士可能攻擊敘利亞的土耳其「島」，陵墓的儀仗隊起初有土耳其特種部隊加入以壯大其軍力，其後土耳其又揚言，將以強大的軍隊來捍衛其所有領土，包括蘇萊曼沙阿陵。

幾個月之後，土耳其改變了戰略：以一項迅速的軍事行動，再次遷移蘇萊曼沙阿的遺體；半島上原本的建築被摧毀了（以免它們落入伊斯蘭國之手），然後一座新的陵墓在敘利亞北部建立了起來，就在幼發拉底河與艾因阿拉伯（Kobane）[1]這座城市之間，距離土耳其與敘利亞邊界不過二百公尺之遙。土耳其當局再次強調，這座陵墓只是「暫時」被遷移至此，一旦敘利亞情勢穩定之後，它就會被遷回原址。

編注1　艾因阿拉伯（Ayn al-Arab／Kobane）是阿拉伯語，庫德語則為科巴尼。敘利亞內戰後，該城市成為各方勢力爭奪的對象。

15

聖皮埃赫與密克隆群島
（Saint Pierre and Miquelon）

法國 ｜ 加拿大

距離法國本土
近四千英里之遙的飛地

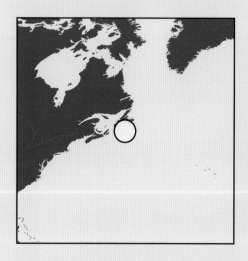

46° 44' 00"N ｜ 56° 08' 00"W

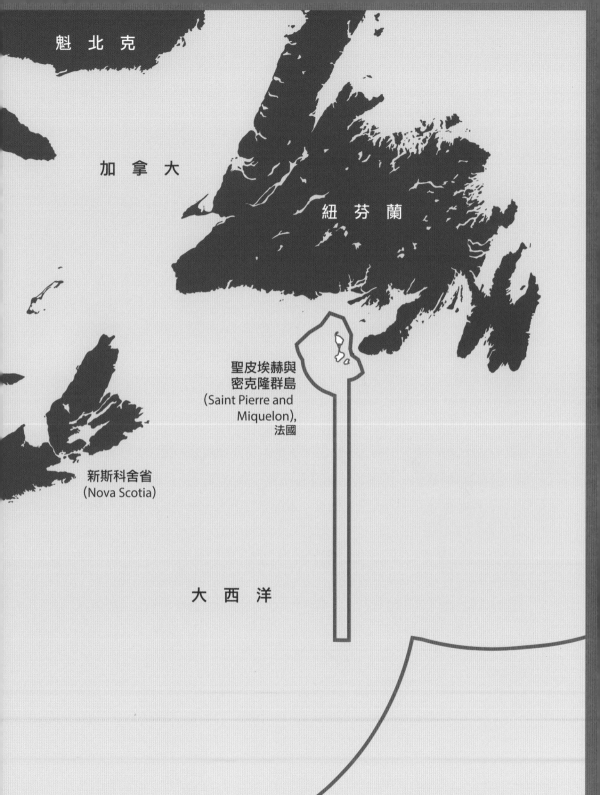

魁北克

加拿大

紐芬蘭

聖皮埃赫與
密克隆群島
（Saint Pierre and
Miquelon），
法國

新斯科舍省
（Nova Scotia）

大　西　洋

0　　　100 km

雖然世界上大多數的內飛地都是被「楔入」鄰國陸地邊界之間的某處，但有些內飛地並非如此，聖皮埃赫與密克隆群島（Saint Pierre and Miquelon）就是這樣的一座飛地。

聖皮埃赫與密克隆群島是個小群島，由三座主要的島嶼組成：聖皮埃赫（Saint-Pierre）、密克隆（Miquelon）以及朗格拉德（Langlade），還有其他許多面積較小的島嶼。由於密克隆與朗格拉德以一條狹窄的沙洲相連，如今，它們被視為一座島嶼，「密克隆」往往就代表了這兩個一起組成形狀像個數字 8 的島嶼。這個小群島雖然位於加拿大紐芬蘭島南方二十五公里處，但在政治與文化層面上，仍然屬於三千八百公里外的法國。

屬於法國的海外領土，聖皮埃赫與密克隆也是法蘭西共和國與歐盟的一部分，歐元是通行的貨幣，但由於地理位置所致，加幣與美元也經常被使用。這個群島的總面積約二百四十平方公里，居民約六千人，說的是法語（有趣的是，這裡所說的法語比附近的加拿大魁北克所說的法語，更接近法國本土所說的法語）；主要的經濟活動是捕魚（雖然逐漸沒落）與觀光旅遊業，來自加拿大的旅客可以很容易地抵達這些島嶼。近年來，有愈來愈多樂觀的推測出現，認為島嶼周遭水域可能蘊藏有石油，或許可以大幅提振島上奄奄一息的經濟。

使這些島嶼變成內飛地的原因，正是由於加拿大完全包圍住聖皮埃赫與密克隆群島的所謂「專屬經濟區」（Exclusive Economic Zone, EEZ）。加拿大與法國長久以來在國際法庭上，始終針對這個問題爭執不下；其後，經國際法庭將這座法國群島裁定為某種形狀極為特別的專屬經濟區（它的邊界就像是一把「鑰匙」），因此，來自國際水域的法國船隻，可以經由一條長約二百公里、寬僅十公里的狹窄水道來到這個群島。但是後來，加拿大又根據國際法規而行使權利，進一步地擴展了加拿大的專屬經濟區，因此，這把「法國鑰匙」就成了加拿大海域中屬於法國的某種海上外飛地。

然而，在這些海域中發現大量石油儲量的可能性，也不太可能加速或促成加拿大以及聖皮埃赫與密克隆群島——曾經強大的新法蘭西（Nouvelle-France, New France）殖民地殘存的榮光——之間折衷邊界的最終劃定。

說明：專屬經濟區是一個國家海岸線的指定距離內之海岸水域與海床區域。在該區域內，這個國家可主張擁有開採該海域生物與礦產資源（漁獲、石油之類）的專屬權，包括來自水與風的能源產物。

16

河流與湖泊中的島嶼內飛地

阿根廷｜烏拉圭
阿根廷｜巴拉圭
馬拉威｜莫三比克

巴拉那河中的群島：
世界上真正最大的內飛地

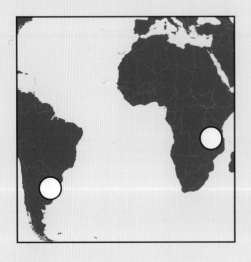

阿根廷｜烏拉圭 34º 10' 50"S｜58º 15' 05"W
阿根廷｜巴拉圭 27º 31' 11"S｜56º 51' 06"W
馬拉威｜莫三比克 12º 03' 02"S｜34º 40' 21"E

位於烏拉圭領水中的阿根廷島嶼馬丁加西亞島

許多河流與湖泊會形成國家之間自然的邊界，但是偶爾也會有這種不尋常的情況發生：某一條河流或某一座湖泊之中的島嶼，雖然位於一個國家的領水（territorial water）之中，卻是屬於另一個國家所有，從而形成了一座內飛地。

馬丁加西亞島（Martín García Island）就是一座位於烏拉圭領水中的阿根廷島嶼，坐落在烏拉圭河與巴拉那河交會後形成的拉布拉他河（Río de la Plata）河口處。根據一九七三年阿根廷與烏拉圭所訂定的協議，阿根廷可將這個島嶼用作自然保護區；約有一百五十人住在這片不到兩平方公里的土地上。有趣的是，隨著時間過去，烏拉圭河在馬丁加西亞島與蒂莫特多明格斯島（Timotéo Domínguez，烏拉圭領土）之間沉積了大量的泥沙，使得這兩座島嶼逐漸合併成一座島嶼，成為阿根廷與烏拉圭之間唯一的陸地邊界。

菲洛梅娜群島（Filomena Islands）是烏拉圭河上、阿根廷領水之內的一座烏拉圭外飛地，這座群島由數個無人居住的島嶼組成，散布在阿根廷首都布宜諾斯艾利斯以北約兩百公里、烏拉圭首都蒙特維多（Montevideo）西北約二百七十五公里處。

烏拉圭

阿根廷

蒂莫特多明格斯島
(Timotéo Domínguez)

馬丁加西亞島
(Martín García Island)

拉布拉他河(Río De La Plata)

0   1 km

阿皮佩群島（Apipé Islands）由數座阿根廷河島嶼組成，完全為巴拉那河的巴拉圭河段所圍繞；其中，有幾座較大的島嶼（占地二百七十七平方公里的大阿皮佩〔Apipé Grande〕、占地二十四平方公里的阿皮佩奇科〔Apipé Chico〕、占地四平方公里的聖馬丁〔San Martín〕、占地十二平方公里的洛斯帕托斯〔Los Patos〕）以及眾多小島，兩座最大的島嶼擁有將近三千人口，其他島嶼則是無人居住的旅遊景點。這座群島或許是世界上真正最大的內飛地。

往上游大約四十五公里處，還有另一座位於巴拉圭水域中的阿根廷島嶼：恩特雷里奧斯島（Entre Ríos Island）。這座無人居住的島嶼占地約三十五平方公里，附近的巴拉圭水域中還有數座屬於阿根廷的島嶼，包括：卡阿維拉（Caá Verá，無人島，占地五平方公里）、弗迪斯（Verdes）以及科斯塔拉爾加（Costa Larga），前兩座島嶼位於伊塔蒂（Itatí）城鎮附近。每座島嶼的大小與形狀皆不盡相同，端視被沉積或沖刷的泥沙數量多寡而定。

尼亞薩湖（Lake Nyasa，又名馬拉威湖〔Lake Malawi〕）或許是唯一一座湖中島嶼為完整內飛地的湖泊。利科馬島（Likoma Island）與奇茲姆盧島（Chizumulu Island）是完全為莫三比克領水所圍繞的馬拉威外飛地，這兩座島嶼組成了占地十八平方公里、居民約一萬五千人的利科馬區（Likoma District）。由於英國教會長期在利科馬進行傳道，這些島嶼之後成為曾是英國殖民地的馬拉威屬地，而非附近曾為葡萄牙殖民地的莫三比克屬地。

坦尚尼亞

尼亞薩湖(Lake Nyasa)／
馬拉威湖(Lake Malawi)

馬拉威

利科馬
(Likoma),
馬拉威

奇茲姆盧
(Chizumulu),
馬拉威

莫三比克

0 ___ 25 km

17
共管地
費桑島（Pheasant Island）
莫瑟爾河（Moselle River）

易手超過七百次的島嶼

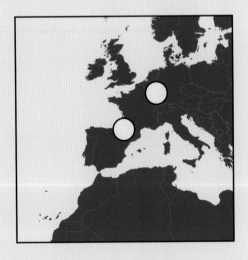

費桑島 43° 20' 33"N｜01° 45' 58"W
莫瑟爾河 49° 28' 12"N｜06° 22' 04"E

法　國

昂代(Hendaye)

費桑島
(Pheasant Island)

比達索阿河(Bidasoa)

西　班　牙

伊倫(Irun)

0   250 m

以國際法來說，共管地（condominium，來自拉丁文的con-dominium，意思是「共同所有權」）意指兩國或多國對於某一特定領土的共同管理與權責。綜觀歷史，共管地的例子不勝枚舉；隨著現代單一民族的獨立國家形成，這種領土大多因併入某個國家而消失了。不過，至今仍有好幾座共管地存在。

費桑島（Pheasant Island，西班牙語為法拉涅島〔Isla de los Faisanes〕，法語為法蘭西島〔Île des Faisans〕，巴斯克語〔Basque〕為康帕齊亞〔Konpantzia〕）是一座位於比達索阿河（River Bidasoa）上無人居住的小島，占地六千八百平方公尺，距河流與比斯開灣（Bay of Biscay）交會處再往上游約五公里處。這座島嶼的共同所有權（共管地）建立於法國與西班牙在十七世紀下半葉所簽署的和平與劃界條約，在這項仍然有效的條約之下，這座島嶼成了一處極為特別的共管地：事實上，此地並非由法國與西班牙共同擁有，而是共享所有權。於是，半年屬於西班牙城市伊倫（Irun），另外半年屬於法國姊妹城昂代（Hendaye）；這意味著在過去的三百五十多年中，這座島嶼改變了七百多次的「國籍」。

為了紀念這項條約的簽署，島上建了一座紀念碑，河上的波浪更為它提供了額外的防護。回顧歷史，費桑島曾是舉辦多次皇室會議與會談的所在地，但遺憾的是，時至今日，此處已然完全不對遊客開放了。

盧森堡

莫瑟爾河 (Moselle)

申根區(Schengen)

德 國

法 國

0　　　　　　　2 km

根據一八一六年德國與荷蘭簽訂的和平條約，德國與盧森堡（當時仍屬於荷蘭）之間的邊界大多沿著莫瑟爾河（Moselle，德語為 Mosel）、梭爾河（Sauer River，法語為 Sûre），以及奧爾河（Our River）劃定，且同意共同管理河流、橋梁、水壩以及所有島嶼（河流中的島嶼既易形成、又易沖毀）。莫瑟爾河中有一座島嶼坐落於盧森堡、法國以及德國的三國交界處附近，島上大部分土地屬於法國，但北端則屬於德國與盧森堡共有。第一次與第二次世界大戰之間，德國建議終止這片共管地與其分界線的劃定，但小小的盧森堡大公國（Grand Duchy）竟大膽地拒絕了這個強大鄰國的提議。這座共管地的最新修正案與橋梁的狀態有關：德國認為，橋梁應該被分成兩半；但一九八四年德國與盧森堡的附加邊界協議仍然約定，橋梁屬於兩國共同的領土。

在中美洲，經過漫長的衝突與談判，豐塞卡灣（Gulf of Fonseca）被裁定為薩爾瓦多（El Salvador）、宏都拉斯（Honduras）以及尼加拉瓜（Nicaragua）所共有，儘管海灣中的島嶼被劃分給薩爾瓦多與宏都拉斯。

南美洲巴拉那河（Paraná River）的一部分以及建造伊泰普水壩（Itaipu Dam）而產生的人工湖，目前是屬於巴西與巴拉圭的共管地。

波士尼亞與赫塞哥維納共和國主要由兩個政體（塞族共和國、波士尼亞與赫塞哥維納聯邦）所組成，但還有一個布爾奇科特區（Brčko District），正式來說是這兩個政體的共管地，儘管它實際上的運作活脫脫是第三個政體。

在非洲東南的印度洋上，如果法國與模里西斯（Mauritius）之間的談判成功（一開始進展順利，後來速度慢了下來），那麼這個世界或許會多出另一座共管地：印度洋中的特羅姆林島（Tromelin Island）。這座低矮而平坦的島嶼占地僅約一平方公里，坐落於馬達加斯加以東約四百五十公里、法國海外領土留尼旺（Réunion）以北約五百五十公里處。由於分界線在一八一四年的《巴黎條約》中並未被清楚地界定，因此，法國與模里西斯皆宣稱擁有該島的主權；原因在於，特羅姆林島的水域中有著豐盛的漁業資源，並且可能有相當可觀的石油儲量。不過，法國與模里西斯仍就該島的共同管理將達成一項協議。[1]

有一令人驚訝的共管地，那就是竟有一整座的大陸可被視為一種共管地，這座大陸就是南極洲（Antarctica），由大約五十個國家共同管理，皆為「南極條約體系」（Antarctic Treaty System）的簽署國。[2]

在過去為數眾多的共管地中，有許多例子相當獨特。賽普勒斯就是一個這樣的例子，從第七到第十世紀皆為拜占庭帝國與伍麥葉哈里發王朝（Umayyad Caliphate）的共管地，這兩個國家幾乎一直在交戰，但賽普勒斯被排除在戰爭之外；在共同治理的期間，賦稅皆被按時徵收且均分成兩等分。

英埃蘇丹（Anglo-Egyptian Sudan）是另一座極為特別的共管地，以一種罕見的方式被創造出來。首先，英國在十九世紀末占領了埃及，宣稱埃及為其受保護國（儘管幾乎直到第一次世界大戰展開之前，埃及始終是鄂圖曼帝國境內正式的自治區）；接著，英國連同其殖民地埃及，一起占領了蘇丹（Sudan，即今日的蘇丹與南蘇丹），並正式宣布共同管理——但在共管期間（直到一九五五年結束），英國始終扮演著主導的角色。

編注1　2010年，法國與模里西斯達成了對特羅姆林島的共同管理條約，但尚待簽署批准。

編注2　1959年，蘇聯、英國、美國等12個國家簽訂了《南極條約》（Antarctic Treaty），締約國則約50國，自簽訂以來，雖然一切主權聲索均被擱置，但至今仍不時產生對領土主張的某些爭議。

18
西班牙──摩洛哥邊界

全世界最短的陸地邊界，
分隔了兩個主權國家

35º 22' 41"N | 03º 38' 15"W

格拉納達(Granada)

西班牙

地中海

直布羅陀(Gibraltar),英國

佩雷希爾島(Perejil Island)

亞伯蘭島
(Alboran Island),
西班牙

休達(Ceuta),西班牙

佩農島
(Peñón de vélez De La Gomera),
西班牙

阿路瑟馬斯群島
(Alhucemas Islands),
西班牙

美利雅
(Melilla),
西班牙

查法里納斯群島
(Chafarinas Islands),
西班牙

阿路瑟馬(Al Hoceïma)

阿爾及利亞

摩 洛 哥

0   100 km

英國與西班牙劍拔弩張的關係，拜直布羅陀這座位於西班牙南岸、遍布岩石的小半島之賜，而平息了數十年。自十八世紀以來，英國就掌控了這座具戰略地位的半島，以其主導優勢控制住大西洋與地中海之間的海上聯繫——直布羅陀海峽（Strait of Gibraltar）。另一方面，西班牙一直主張直布羅陀應「去殖民化」並回歸西班牙的懷抱——儘管直布羅陀人對此皆抱持著反對意見。

這樣的情勢，並未能阻止西班牙緊抓住它自己在海峽對岸的若干小「直布羅陀」不放，也就是位於摩洛哥北岸、被稱為「西班牙主權領土的地區」；這個名稱意味著這些領土自十五、十六世紀現代的西班牙成立以來，即為西班牙這個國家的一部分。這些主權領土既然完全屬於西班牙所有，也應為歐盟與申根區的一部分；然而，由於這些領土並不屬於西班牙的任何一省，它們在西班牙國內的地位尚待商榷。

西班牙主權領土通常被區分為主要領土，即休達（Ceuta）與美利雅（Melilla）；以及次要領土，亦即若干島嶼及半島內飛地。目前，西班牙語的「主權領土」（Plazas de soberanía）主要是用來指稱這些次要領土，而休達與美利雅則被歸類為自治市。

為了瞭解西班牙如何占有這些領土，我們得深入歷史脈絡來加以探究。在八世紀初，強大的伊斯蘭國將版圖延伸至整個北非與近東（Near East）地區，並征服了伊比利半島（Iberian Peninsula）最大的一區，也就是今日的西班牙與葡萄牙。自此，該區為了掙脫穆斯林的統治（收復失地運動），奮戰了很長一段時間。格拉納達王國（Emirate of Granada）是伊比利半島上最後一個穆斯林國家，於十五世紀末再度被征服；穆斯林大軍撤回北非之後，西班牙與葡萄牙統治者隨後到來，征服了摩洛哥北岸好幾處具戰略地位的半島與島嶼。他們有兩個目標，一是監視穆斯林軍隊的動向，二是防止北非柏柏爾人（Berbers）頻頻劫掠並攻擊直布羅陀海峽周圍的船隻。

西班牙的阿路瑟馬斯島

如今，這些主權領土包括了若干城鎮、半島以及島嶼：

佩雷希爾島（Isla de Perejil，又稱「歐芹島」〔Parsley Island〕）是這些領土當中最西邊的一座，位於直布羅陀海峽，距摩洛哥海岸僅二百五十公尺，距西班牙城鎮休達八公里，距西班牙本土則將近十五公里遠。這座島嶼以柏柏爾語的原名「土拉」（Tura，意思是「空無一物」）來稱呼可能更為適切，因為它是一座幾乎完全光禿、布滿岩石的島嶼，面積約四百八十平方公尺。即使這座小島整體說來無甚重要性，二○○二年時，它卻是西班牙與摩洛哥之間的衝突源頭：話說，摩洛哥試圖在佩雷希爾島上設立一座小型軍事基地（說是「為了監控非法移民」），導致西班牙海軍與空軍的特種部隊迅速採取軍事行動，逮捕了摩洛哥士兵並將他們運送到休達，再送往摩洛哥邊界。其後，雙方同意回復到摩洛哥企圖占領佩雷希爾島之前的關係。因此今日，這座島嶼雖然已經完全被廢棄，仍代表著無人敢越雷池一步的「無人區」，受到對峙的雙方嚴密的監控。

休達這座西班牙飛地，就位於佩雷希爾島以東僅八公里處，正對著海峽對岸的直布羅陀。這座城鎮占地十八點五平方公里，居民將近八萬五千人。自十七世紀下半葉以來，休達即已認可西班牙的統治，如今也享有了自治市的地位；然而摩洛哥當局卻認為，這些都是西班牙殖民時期所占領的剩餘領土，應該要「立刻」歸還給母國——也就是摩洛哥。不過，休達（以及美利雅）的絕大多數居民對摩洛哥的這項主張，都抱持著強烈反對的態度。

往東方走，就是佩農島（Peñón de vélez de la Gomera，peñón是岩石之意），這是在摩洛哥北部海岸發現的西班牙岩堡之一。這座島嶼在休達東南方約一百二十公里處，直到一九三○年代，始終是一座充滿自然風貌的小岩島；其後，一場暴風雨在這座島嶼與大陸之間沉積了大量的淤沙，將它變成一種特有的、被稱為連島沙洲或「陸連島」的半島，而世界上最短的陸地邊界就在這個點上，只有八十五公尺長。整座島嶼長四百公尺、寬一百公尺，總面積不到兩公頃，除了一座小型的軍事基地，其他地區皆無人居住。

再往東行，會來到阿路瑟馬斯群島（Islas Alhucemas）。這座小群島是由三座島嶼組成：阿路瑟馬斯島（Peñón de Alhucemas）、馬爾島（Isla de Mar）以及堤耶拉島（Isla de Tierra）。群島距離摩洛哥城鎮阿路瑟馬的海岸三百公尺，位於休達以東約一百五十公里、美利雅以西八十五公里，占地約四點五公頃。其中，阿路瑟馬斯島是一座小岩島，約兩個足球場大，有一座要塞、一間教堂、數棟房舍。這座群島自十六世紀中即為西班牙的屬地，當地的統治者為了對抗鄂圖曼帝國，把群島送給西班牙以換取西班牙的幫助；如今，有一小支軍事部隊（二十五到三十名士兵）駐守在阿路瑟馬斯島上，另一座更小的兵營則駐紮在附近的堤耶拉島上，以防止非法移民登陸。

亞伯蘭島（Isla de Alborán）位於亞伯蘭海（Alboran Sea）上，地中海的西端，距摩洛哥海岸以北五十公里、西班牙本土以南九十公里處。這座島嶼自一五四〇年以來就是西班牙的屬地，有一小支西班牙的海軍駐守在島上，還有一座自動化的燈塔；島嶼是個平坦的平臺，有點像是一艘大型的航空母艦，總面積超過七公頃。這是唯一摩洛哥未要求西班牙歸還的主權領土。

美利雅這座自治市占地約十二平方公里，居民約八萬人，而其中大多數為西班牙人，其次為柏柏爾人，還有一些猶太人。雖然這座城市自十五世紀末即由西班牙統治，摩洛哥仍然將該區視為它被占據的領土。今日，美利雅以其多元文化主義而聞名，居民以基督徒（約百分之五十五）與穆斯林（約百分之四十五）占大多數，加上猶太教徒與印度教徒的小團體，各種宗教文化在此和諧共處。

最東端的主權領土是查法里納斯群島（Islas Chafarinas），由三座島嶼組成，占地共約零點五平方公里，距摩洛哥海岸約三公里，距阿爾及利亞海岸最近處則不到二十五公里。三座島嶼中最重要的一座，就是大小居中的伊莎貝拉二世（Isabella II，占地十五公頃），島上有一支不到二百名士兵的駐軍。自十九世紀中以來，這座群島便處於西班牙的統治之下。

19
法國──荷蘭邊界

距離大陸一海之遙的
歐洲邊界

18º 03' 51"N │ 63º 04' 08"W

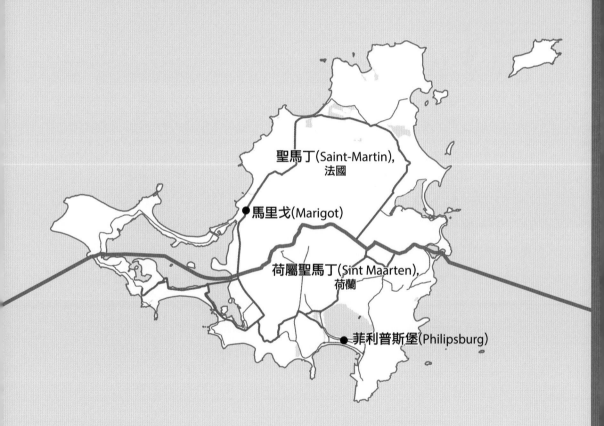

安圭拉島(Anguilla),
英國

聖馬丁(Saint-Martin),
法國

● 馬里戈(Marigot)

荷屬聖馬丁(Sint Maarten),
荷蘭

● 菲利普斯堡(Philipsburg)

加 勒 比 海

0　　2 km

如果你詢問某個來自歐洲的人，荷蘭王國（Kingdom of the Netherlands）與法蘭西共和國（Republic of France）之間有沒有共同的邊界，你很可能會得到下面的答覆：「當然沒有啊，它們之間還有比利時！」但是，如果你詢問某個來自加勒比地區的人相同的問題，可能會得到截然不同的回答：「當然有啊，它們有共同的邊界！」

你怎麼可能會得到兩個相互矛盾的答案呢？原因在於，法國與荷蘭在過去都是舉足輕重的殖民強權，而它們偉大帝國的去殖民化運動並不適用於所有的殖民地；這也說明了那條跨越加勒比小島聖馬丁（Saint-Martin）的邊界，為什麼至今仍然存在。

這座島嶼位於加勒比地區的東北部，波多黎各以東約三百公里處，占地約八十七平方公里，有一段相當動盪不安的殖民史，西班牙、英國、法國以及荷蘭都曾經在某些時間點統治過這座島嶼或是它的部分地區，目前這座島嶼的現狀及其分區，便是基於法國與荷蘭在十七世紀中所簽署的協議而制定。島嶼北部（約占全島三分之二面積）屬於法蘭西共和國，被稱為聖馬丁（Saint-Martin）；島嶼南部（約占全島三分之一面積）則屬於荷蘭王國，並以荷屬聖馬丁（Sint Maarten）為名。南北兩部分的人口大致相同，荷屬的部分有大約四萬一千人，人口密度高於法屬部分的三萬七千人。

荷屬聖馬丁是組成荷蘭王國的四個國家之一，在歐盟中享有「海外國家與領土」的地位，是一個使用多元語言的社會：根據二〇〇一年的人口調查，超過百分之六十五的人說英語，將近百分之十三的人說西班牙語，只有大約百分之四的人說荷語。交易用的貨幣是荷屬安地列斯（Netherlands Antilles）的荷蘭盾，但很快被加勒比盾取代，同時，美元也被廣泛流通與接受。觀光旅遊業是聖馬丁經濟的主要基礎，包括一般的遊客以及許多在島嶼周圍航行的遊輪上短暫到訪島上的遊客。在島上屬於荷蘭的地區，瑪侯海灘（Maho Beach）是其中的一大旅遊景點，因為朱利安納公主國際機場（Princess Juliana airport）的跑道與這座海灘僅以普通的圍欄與一條狹窄的街道隔開，而跑道又極短，所以飛機必須在海灘上低空飛行，使得從海灘上觀看飛機著陸成了一項極受歡迎又十分有趣的消遣活動；不過，由於飛機從頭頂上空飛過所帶來的強烈空氣亂流，這項活動也可能頗為危險。

島嶼北部的聖馬丁是法國的海外社區，也屬於歐盟，官方貨幣是歐元，主要的產業亦為觀光旅遊業（百分之八十五的人口直接或間接與觀光旅遊業有關）；同時，它大部分的食物與能源皆為進口，主要來自墨西哥以及美國。

儘管如此，聖馬丁算是加勒比地區最富裕的一區，或至少可說，直到二〇一七年九月六日艾瑪颶風（Hurricane Irma）以每小時二百八十五公里（相當於每小時一百八十英里）風速侵襲包括聖馬丁在內的加勒比海島嶼並造成無數死傷與損失之前，一直是如此。據荷蘭紅十字會估計，荷屬聖馬丁地區有將近三分之一的建築被毀，島上有超過百分之九十的建物受損；荷蘭與法國都加派了額外的警力與軍隊以防止暴民大肆劫掠。由於颶風的影響，聖馬丁的經濟蒙受了巨大的損失。

說明：荷蘭王國由加勒比地區的三個島國組成（荷屬聖馬丁、阿魯巴〔Aruba〕和古拉索〔Curaçao〕），再加上荷蘭。而荷蘭則由十二個歐洲的省以及三個加勒比特別自治市（波納爾〔Bonaire〕、荷屬沙巴〔Saba〕和聖佑達修斯〔Sint Eustatius〕）組成。正式說來，這四個國家的官方地位是相同的，儘管實際上往往並非如此；由於荷蘭的歐洲部分占了整個荷蘭王國約百分之九十八的領土與人口，這種地位不等的現象，在某種程度上是可預期的。

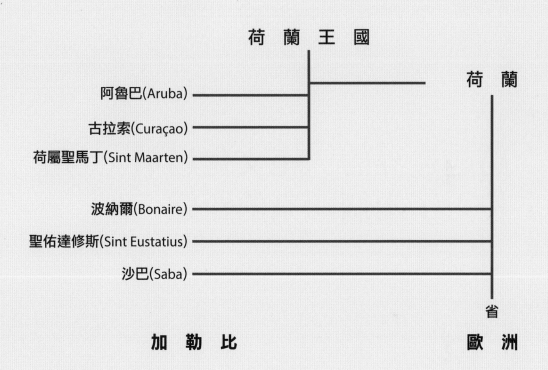

荷　蘭　王　國

阿魯巴(Aruba)

古拉索(Curaçao)

荷屬聖馬丁(Sint Maarten)

荷　蘭

波納爾(Bonaire)

聖佑達修斯(Sint Eustatius)

沙巴(Saba)

省

加　勒　比

歐　洲

20

加拿大───美國邊界

羅伯茨角（Point Roberts）
西北角（Northwest Angle）

跨越邊界的一座文化場域，
拉近了兩個國家的距離

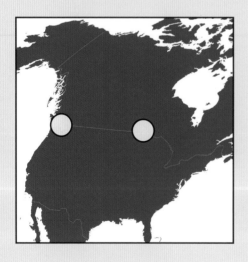

羅伯茨角 48° 58' 09"N｜123° 03' 26"W
西北角 46° 49' 30"N｜56° 16' 30"W

羅伯茨角的邊界灣（Boundary Bay）

世界最長的邊界位於美國與加拿大之間，乍看之下似乎相當簡單明瞭：五大湖（Great Lakes）與聖勞倫斯河（St Lawrence River）占了一大半的邊界，剩下的邊界大多沿著一條直線前進。但如果我們將地圖放得夠大，就能看出這條極長的邊界（在美國本土與加拿大之間約六千五百公里，再加上阿拉斯加與加拿大之間的二千五百公里）有幾處不合邏輯與不尋常之處。

羅伯茨角（Point Roberts）就是其中的一處。這座城鎮位於美國西北部的華盛頓州，坐落在一個屬於加拿大（除了南部之外）的半島上；因此，在半島南部，從羅伯茨角到美國其他地區的整條陸路都會穿越加拿大。這種不尋常的狀況是由於這條界線是沿著緯線劃分，因此，北緯四十九度線以南的所有土地都屬於美國，以北則都屬於加拿大。當然，這項規則有幾個不一致的小地方，將在以下加以說明。

羅伯茨角占地約十二平方公里，居民不到一千五百人；當夏季許多加拿大的遊客來這裡度假時，人口會增加到大約四千五百人。鎮上有一所為低年級孩童所設立的小學，年紀較大的孩子若是美國公民，會搭乘校車去布蘭（Blaine）上學，那是一座遠在四十公里外、位於美加邊界上的城市；至於加拿大的孩子，則在附近溫哥華郊區的德爾塔（Delta）行政區上學。羅伯茨角有小型的機場與港口，提供了該區與美國其他地區交通上的直接聯繫；同時，美國與加拿大公司也都提供電信服務。許多羅伯茨角的居民以提供來自溫哥華的遊客服務為生，因為與周圍的地區相較之下，羅伯茨角的氣候更加溫和宜人，是吸引遊客到訪的一大主因。

德爾塔(Delta)

邊 界 灣
(Boundary Bay)

加拿大

美 國

布蘭(Blaine)

羅伯茨角(Point Roberts)

0   5 km

除了羅伯茨角，美加邊界上還有幾處較不尋常的地方。

被當地居民簡稱為「角」（Angle）的西北角（Northwest Angle），事實上是除了阿拉斯加之外，唯一位於北緯四十九度線以北的美國領土。因此，坐落於伍茲湖（Lake of the Woods）西北角的此處，就成了毗連美國本土最北端的所在。美國在加拿大的這座外飛地（與美國唯一的陸上連結得穿越加拿大領土）占地約三百二十平方公里，人口約一百五十人。穿越西北角與加拿大之間的邊界也十分特別：當某人穿越邊界並從加拿大進入西北角時，會被要求從一個小房間打影像電話給美國的海關官員，而反之亦然，從西北角進入加拿大的人，也必須打影像電話給加拿大的海關官員。

從西北角沿著美加邊界往東，湖泊將為數眾多的小半島與母國分隔了開來，而這些半島都是名符其實的內飛地，其中之一就是省角（Province Point，占地一公頃，無人居住）；另一座在尚普蘭湖（Lake Champlain）的半島，位於紐約市以北約五百公里處。

省角以東約八十公里處有一座城市，被邊界劃分成兩半，屬於加拿大的是斯坦斯特德（Stanstead），屬於美國的是畢比平原（Beebe Plain）。這座城市有兩個奇特之處：首先，邊界線沿著主街中心延伸，使得街道一側的房子屬於加拿大，另一側的房子則屬於美國；其次，有一座獨一無二的圖書館與歌劇院的建築（赫斯克爾圖書館與歌劇院〔Haskell Free Library and Opera House〕）在二十世紀初開幕，特意建蓋在邊界上，旨在讓這兩大國在文化上更加接近。但因為幾乎所有的圖書與舞臺都位於加拿大一側，因此人們常說，這是唯一沒有書籍的美國圖書館，也是唯一沒有舞臺的美國歌劇院。而雙方的邊界，則以一條黑線穿越並標示於這幢建築物的內部。

曼尼托巴

加　拿　大

安大略

西北角
(Northwest
Angle)

伍茲湖

明尼蘇達州

美　國

0　　　　　　　　　　100 km

21
馬凱特島 (Märket Island)
芬蘭 | 瑞典

為了將一座新的燈塔
放進芬蘭領土，
而被重新劃定的邊界

60° 18' 01"N | 19° 07' 52"E

波　斯　尼　亞　灣 (Gulf of Bothnia)

瑞　典

燈塔

芬　蘭

波　羅　的　海

0   50 m

熟知地理學的人都知道，芬蘭與瑞典在遙遠的北方（當然啦，那就是耶誕老人居住與工作的地方）有一道共同的陸界。但只有少數人知道，這兩大斯堪地那維亞國家也在南方相互毗鄰，就位於瑞典首都斯德哥爾摩以北數百公里處。芬蘭的一個自治省奧蘭群島（Åland Islands，即阿赫韋南馬〔Ahvenanmaa〕），位於波斯尼亞灣的入口，居民大多是瑞典人；群島中最西端的一處，被稱為馬凱特島（Märket Island，其中的 Märket 意指標識或標誌，而非市場）。這座島嶼之所以與眾不同，是因為它被劃分於瑞典與芬蘭之間，代表了奧蘭群島中的唯一陸界。

事實上，島上有兩國分界的情況並非不常見，但這道陸界本身就其形狀而言，就奇特多了。當你檢視地圖時，你會發現，這座島嶼被一條看起來像是倒寫 S 字母的線劃分了開來。

為何這座島上的分界線如此特別？首先要注意的是，我們在談的這座島嶼滿布岩石，荒涼光禿且杳無人煙，占地超過三公頃，約三百公尺長、一百五十公尺寬。它是有兩國分界的島嶼之中，面積最小的海島之一。

十九世紀末，這條邊界原本是直接穿越島嶼中心，當時，做為自治大公國（Great Principality）的芬蘭仍屬於俄羅斯帝國，而俄羅斯人與芬蘭人決定在島上豎起一座燈塔；結果，在尚未完全竣工之前，就有人指出，燈塔被蓋在屬於瑞典的那半邊上了。一九八五年，這個狀況終於藉由對原本筆直、簡單的邊界進行複雜的調整之後，進而得到解決。

重新劃定邊界時，必須滿足兩國如下的兩項基本條件：
| 雙方擁有的土地面積都必須跟以前相同。
| 雙方擁有的海岸線也必須跟以前一樣長，以免侵害到瑞典與芬蘭漁民在島嶼周圍的水域中捕魚之權利。

如此一來，燈塔所在的土地便移交給了芬蘭政府，並以一塊細長而狹窄的土地，與島上屬於芬蘭的部分相接。有趣的是，馬凱特島的邊界不僅分隔國土、也分隔時間，因為瑞典與芬蘭分處於不同的時區。

22

迪奧米德群島 (Diomede Islands)

俄羅斯 | 美國

兩個島相距不到四公里，
卻相隔了一天

65° 46' 54"N | 169° 03' 10"W

俄　羅　斯　美　國

大迪奧米德島
(Big Diomede)

迪奧米德
(Diomede)

小迪奧米德島
(Little Diomede)

白　令　海　峽

0　　　　2 km

儘管大部分的地球表面皆被各式各樣的政治邊界所劃分，有一條地球的邊界卻是根據時間來劃分，亦即國際換日線，一條從北極延伸到南極、區分兩個日曆日的假想線。這條換日線穿越之處，大多為太平洋人煙稀少的地區，距離人口稠密的島嶼及大陸很遙遠；但是，當它通過白令海峽，亦即北美與亞洲（也就是阿拉斯加與俄羅斯）最接近之處，卻為大迪奧米德島（Big Diomede）與小迪奧米德島（Little Diomede）帶來一種極不尋常的情況。

雖然從地理學上來說，大小迪奧米德島都屬於同一座小群島，但在政治上，群島卻為兩大世界超級強國所劃分：大迪奧米德島屬於俄羅斯；小迪奧米德島屬於阿拉斯加，也就是美國。除了這條國界，還有另一條邊界分隔這兩座島嶼，亦即國際換日線。這個事實加上這兩座島嶼僅相隔四公里之遙，導致了另一個奇特的現象：在天氣晴朗的日子，從今天的小迪奧米德島（也被稱為昨日島〔Yesterday Island〕）上可以遠眺明天的大迪奧米德島（也被稱為明日島〔Tomorrow Island〕）；儘管島嶼之間距離極近，大迪奧米德島上的時鐘就是比鄰近的小迪奧米德島快上二十一小時（雖然預期的時差是二十三小時，但事實並非如此，因為每個州都有權定義自己的時區）。大致說來，這兩座島嶼的時差是一整天。

目前，占地三十平方公里的大迪奧米德島上無人居住，因為在冷戰期間，當地人口都被迫遷往俄羅斯本土（為防止與鄰近美國島上同一族群的成員產生接觸）；目前，只有一座小型的軍事基地坐落在島上，這意味著要回到過去的時光幾乎是不可能的。然而，占地不過略大於七平方公里的小迪奧米德島上，卻住有大約一百五十位居民，以楚科奇（Chukchi）人為主；他們是住在俄羅斯遠東地區楚科奇半島上的種族。在昨日島上的生活著實不易，但若是搭建橋梁、隧道，或甚至結合兩者的大膽構想得以實現，將北美與亞洲連接起來，那麼或可在未來得到大幅的改善。因為，這些建設肯定會穿越迪奧米德群島。

總之，從一個島往另一個島看過去，可以同時看到另一個國家、另一片大陸以及另一天——是個聽起來極為特別又有趣的構想呢！

23

摩洛哥狹道 (Moroccan Berm)

西撒哈拉

穿越沙漠的
二千七百公里沙牆

23º 54' 00"N | 14º 32' 00"W

加納利群島
(Canary Islands),
西班牙

摩 洛 哥

阿爾及利亞

廷杜夫(Tindouf)

阿尤恩(Laâyoune)

大 西 洋

西撒哈拉
(由摩洛哥治理)

摩洛哥城道(Moroccan Berm)

茅利塔尼亞(Mauritania)

0   200 km

世界上有各式各樣的邊界：陸地、河流、海洋、開放、封閉……。在特定的情況下，宣稱擁有領土的人們會覺得，光是在自己的領土周圍劃定一條假想的邊界以及到處置放邊界石，並不足夠；他們需要以各種不同的高牆來強化邊界的所在。有些這類的高牆眾所周知，或許其中最知名的就是中國的萬里長城，標誌出中國文明與蒙古蠻族之間的分界線。除此之外，幾乎每個人都聽過以前的柏林圍牆；許多人也都知道美國與墨西哥、或是以色列與約旦河西岸之間的高牆（或圍欄）。

有另一道鮮為人知的「牆」（一道土木工程建蓋起來的巨大屏障）劃分了一片富含磷酸鹽的領土，但這片土地數十年以來，在其他各方面都極其匱乏而受限。這道牆就是摩洛哥狹道（或稱摩洛哥沙牆〔Moroccan Wall〕），幾乎是以斜對角的方式將西撒哈拉分割成兩塊區域：一塊是由摩洛哥人治理的西部與南部，另一塊則是由自稱為撒拉威阿拉伯民主共和國（Sahrawi Arab Democratic Republic）[1]的政體所治理的東部。在地圖上，這條狹道是以一條黃線加以標記。

西撒哈拉一直是西班牙的殖民地，二次大戰後，摩洛哥與茅利塔尼亞要求西班牙人撤退，離開劃開它們之間的那片區域；西班牙人直到一九七〇年代中期才同意撤離，導致西班牙與受阿爾及利亞支持的波利薩里奧陣線（Polisario Front）之間衝突不斷——後者聲稱它們擁有這片領土。此後不久，茅利塔尼亞完全退出了衝突，具備明顯優勢的摩洛哥王國極迅速地掌控了西撒哈拉三分之二以上的地區，包括所有主要城市以及最重要的、富含磷酸鹽的場域。

為了確保邊境安全，摩洛哥決定築起一連串結合防禦工事與壁壘的沙石建築，總長度很快就超越了二千七百公里。沿著狹道，摩洛哥設置了幾百萬枚的地雷並布署十二多萬名的重裝士兵。如此一來，摩洛哥人確保自己可以不受阻礙地取得西撒哈拉西部與南部唯一的自然資源——磷酸鹽，以及大西洋中的漁獲。西撒哈拉的外海可能蘊含著油量豐富的油田，但這片極具爭議性領土的不確定政治地位，可能會阻礙石油的開採。

如今，摩洛哥狹道代表了受摩洛哥控制地區以及受波利薩里奧陣線控制地區之間的分界線。不利的生活條件，使得大部分的撒拉威人（Sahrawi，該地區原住民的當地稱呼）實際上住在鄰國阿爾及利亞的難民營中。這條狹道從接近西撒哈拉沿岸的最南端開始延伸（波利薩里奧陣線據稱僅控制了幾公里沿著茅利塔尼亞邊界的海岸），然後將西撒哈拉分割成兩個不均等的部分，一小段高牆穿越邊界進入茅利塔尼亞，最後終止於摩洛哥與西撒哈拉的邊界處。

雖然摩洛哥與聯合國簽署了一份承諾，同意在西撒哈拉舉行公民投票以決定其未來地位，但這項公投至今尚未舉行，而且極可能永遠不會發生。當然，考慮到西撒哈拉這個區域富含磷酸鹽與漁業資源，同時極可能蘊含豐富油田，無怪乎摩洛哥拒絕交出它對這片人跡罕至的領土之掌控權。事實上，至今仍有大約九萬個撒拉威人住在這裡，摩洛哥也已經安排了幾十萬摩洛哥人前來此地定居。

編注1　撒拉威阿拉伯民主共和國通稱「西撒拉威」，由波利薩里奧陣線於1976年建立。其聲稱擁有西撒拉威地區的主權，但目前僅能控制有關領土的三分之一，其餘則為摩洛哥控制。

24

護照島 (Passport Island)

巴林｜沙烏地阿拉伯

為了連接兩個國家
而建造的島嶼

26º 11' 01"N｜50º 19' 28"E

波　斯　灣

沙烏地阿拉伯

巴　林

護照島
(Passport Island)

烏姆安納
珊島
(Umm an
Na'sān)

0   5 km

一個不與任何鄰國共享任何島嶼的島國，仍然可能擁有陸地的邊界嗎？答案是可能的，至少對石油與天然氣蘊藏量極為豐富的阿拉伯國家來說是如此。

將沙烏地阿拉伯與毗鄰它的巴林小島連接起來的想法，很久以前就已經萌芽。一九五〇年代中葉，這個想法在沙烏地阿拉伯國王訪問他的對手巴林哈基姆（Bahrain Hakim，阿拉伯語為sheikh，意指部落長老或是智者）時，第一次被公開提出；但直到一九六〇年代末，這個想法才開始展現出更具體的輪廓。這座橋梁（如今被稱為法赫德國王大橋〔King Fahd Causeway〕）的建造工程開始於一九八一年，並於一九八六年完成。

這座橋梁代表著一項重大的建築成就，它是由一系列的橋梁所組合而成，總長度約二十五公里，四線道車道寬約二十多公尺；建築中使用了大量的石頭、混凝土以及鋼筋，整條堤道由三個路段組成：第一段，從巴林到烏姆安納珊島（Umm an Na'sān）；第二段，從烏姆安納珊島到護照島（Passport Island）上的邊界站;第三段,從邊界站到沙烏地阿拉伯本土。

護照島?不,這座島並非天然的島嶼,而是一座巨大的人工島,長度將近二公里半、寬度超過半公里。這座島嶼被建蓋成數字「8」的形狀,一邊延展擴建的部分屬於沙烏地阿拉伯,另一邊則屬於巴林;島上設有兩國的邊界站,還有大橋管理處、兩座清真寺、兩國的海岸守衛塔以及兩間高塔餐廳(大約六十五公尺高)等建築物。在屬於沙烏地阿拉伯的那一側島上,甚至還出現了一間無所不在的麥當勞。除此之外,這座島嶼綠意盎然,尤其美麗的草原與成排的棕櫚樹更讓人驚豔,給人一種天然島嶼的印象。

為了增加車道數量,已有計畫要進一步擴建這座島嶼,包括在屬於巴林的這一側建蓋一座大型的商業中心、若干餐廳、咖啡廳、商店,甚至包括一間設備齊全的醫療診所。

25
北森蒂納爾島（North Sentinel Island）
印度

島上的居民選擇與世隔絕

11° 34' 20"N | 92° 14' 38"E

緬甸
印度

孟 加 拉 灣

北安達曼島

安達曼群島
(Andaman Islands)

中安達曼島

南安達曼島

布萊爾港
(Port Blair)

北森蒂納爾島
(North Sentinel Island)

安 達 曼 海

小安達曼島

0   50 km

有些邊界是清楚可見的，有些以高牆或圍籬來加以強化，但有些卻是看不見的，因為鄰近這些邊界的國家，希望讓它們人民的生活更輕鬆些。還有一些邊界儘管確實存在，卻從未被正式地承認，北森蒂納爾（North Sentinel Island）這座小島就是這樣的一個例子。

北森蒂納爾島屬於安達曼群島（Andaman Islands），是孟加拉灣中的一座印度群島。這座群島坐落於緬甸對岸，與南方的尼科巴群島（Nicobar Islands）組成了安達曼—尼科巴群島（A&N），是印度七座聯邦屬地之一。這些島嶼在生態、種族、語言和經濟各方面，都有著巨大的差異。

然而，北森蒂納爾島雖然距離安達曼—尼科巴群島的首都布萊爾港（Port Blair）僅五十公里之遙，卻跟這座聯邦屬地上所有其他的島嶼截然不同：它是唯一一座島上部落住民徹底斷絕與世界其他地區聯繫的島嶼。這座島嶼占地約七十平方公里，幾乎完全為森林所覆蓋，地形相當平坦，住有大約一百至五百名森蒂納爾人。沒有人知道這些部落住民如何稱呼自己，但根據未經證實的來源指出，他們稱呼這座島嶼為丘它考威（Chiö-tá-kwö-kwé），極有可能的是，他們的言語完全無法為附近島嶼的居民所理解。

根據推測，森蒂納爾人是大約六萬年前第一批離開非洲、沿著亞洲南部海岸前往澳洲的人種之直系後裔，身形矮小、皮膚黝黑、頭髮捲曲。以森蒂納爾人的技術發展整體水平看來，他們仍然處於石器時代，或許對於火、農業、大於三的數字一無所知，只能靠狩獵與採集為生；主要的食物來源應是野豬、水果、魚類、螃蟹、蜂蜜、海龜以及海鷗蛋，並使用弓箭、長矛以及魚叉來狩獵。他們有一些金屬武器與工具，是從島嶼周圍失事的沈船殘骸中取得的材料。

森蒂納爾人對外來者有非常強烈的敵意，以往所有設法與他們取得聯繫的嘗試，幾乎都是以悲劇收場。這個部落不希望與外界產生任何接觸，根據未被證實的報導，說他們殺死了幾名不慎在島嶼珊瑚礁上擱淺的漁民，以及至少一名的基督教傳教士——不久前才試圖向他們傳達上帝的話語。所有的印度探險隊也都有過類似的經歷，他們的船隻與直升機都遭到了射擊。

這一切，使得北森蒂納爾島周圍建起了某種邊界。雖然這座島嶼屬於安達曼—尼科巴群島正式的聯邦屬地，但在這片屬地上，沒有任何的政府形式或是來自印度政府的統治機構；因此，北森蒂納爾島可以被視為印度的一個自治區、或甚至是在印度保護下的一個未被定義的邦。安達曼—尼科巴群島當局在二〇〇五年正式聲明，他們不再嘗試與森蒂納爾人建立任何聯繫，並且會讓這些人的生活完全不受外界干擾；再者，更做出不鼓勵任何人接近這座島嶼的決定。部分目的是讓森蒂納爾人不會攻擊任何訪客，但也是為了防止訪客將任何具有潛在危險的疾病傳播給他們。於是，一個環繞著島嶼、往外延伸五公里遠的禁區被建立了起來。

二〇〇四年的地震與海嘯，對北森蒂納爾島造成了意想不到的後果：這座島嶼上升了將近兩公尺，遂與鄰近的小島相連在一起。上升的珊瑚礁形成了部分封閉的大型潟湖以及新的乾燥地區，使得島嶼面積大幅增加，但可能的危險是，之前的潟湖，也就是森蒂納爾人的主要捕魚區，已然逐漸乾涸。根據現有資料顯示，大部分的森蒂納爾人都倖免於難，因為地震發生的數天之後，一架印度的直升機被燃燒的箭與矛驅趕走了。

在世界的另一端、巴西與祕魯的邊界上，還有另一個非官方的土著國家：查瓦利溪谷（Javari Valley／Vale do Javari）。這是一片略小於葡萄牙的領土，眾多部落——共計約有三千人——居住於此，而其中至少有十四個部落幾乎不接觸任何現代的文明。

26

四境交界點 (Quadripoints)

納米比亞｜尚比亞｜辛巴威｜波札那
立陶宛｜波蘭｜俄羅斯
加拿大
卡塔尼亞省（Catania Province），**西西里島**

四境交界點，亦即四個區域在
此交會的一個地理位置

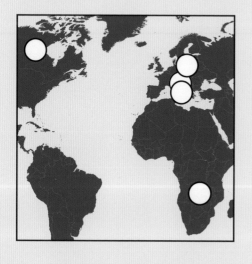

納米比亞｜尚比亞｜辛巴威｜波札那
17º 47' 13"S｜25º 15' 41"E
立陶宛｜波蘭｜俄羅斯 54º 21' 49"N｜22º 47' 30"E
加拿大 59º 59' 43"N｜102º 00' 59"W
卡塔尼亞省 37º 44' 46"N｜15º 00' 57"E

美國的四角落紀念碑，位於科羅拉多州、亞利桑那州、新墨西哥州和猶他州四州交界點。

三境交界點（tripoint）或三境邊界（tri-border）區，是三個區域的邊界在此交會的一個地理位置，這些區域可能是國家或是其行政區域單位。目前，世界上有一百五十個到兩百個三境交界點，但有些並未被準確地定義，因為這些國家周圍的邊界也並未被完備地定義出來，其中有些位於水域之中（海、河或湖）。陸地上的三境交界點通常會有清楚的標記，有時甚至還會有一根恰到好處的柱石，或者，如奧地利、斯洛伐克和匈牙利的三境交界點，設有一張三角形的桌子，每一邊都印有一個國家的盾形紋章。

我們或許偶爾會聽到某個事件發生在X、Y、Z三國的交界點，但是，四境交會點又是怎麼回事呢？我們曾聽過某個事件發生在A、B、C、D四國的交界點嗎？或許不曾，因為非洲尚比西河（Zambezi River）的浪潮還沒有重要到足以引發軒然大波的新聞。

為什麼說尚比西河的浪潮呢？目前在整個地球上，有著將近兩百個主權國家以及大約一百個主權程度不等的地區；因此，人們或許會預期有相當多的四境交界點，但其實並不是這麼回事。可能有一個四境交界點剛好位於尚比西河中央，納米比亞、尚比亞、辛巴威和波札那的邊界就在這一點上交會；問題在於，波札那與尚比亞不承認這個四境交界點，而聲稱實際存在的是兩個三境交會點（一個是納米比亞、尚比亞、波札那；另一個是尚比亞、辛巴威、波札那），兩個點僅相距一百到兩百公尺；這兩個國家已經計劃要在它們位於這兩個點之間極短的邊界上，搭建一座橋梁。截至目前為止，納米比亞與辛巴威並未對此提出異議，這意味著它們可能同意了，或至少默認了這個四境交界點完全不存在的說法。

尚比西河(Zambezi)

尚 比 亞

納 米 比 亞

卡松古拉
(Kazungula)

利文斯頓(Livingstone)

卡薩內
(Kasane)

尚比西河(Zambezi)

卓比(Chobe)

宛基(Hwange)

辛 巴 威

波 札 那

0   50 km

然而，世界上還是有其他類型的四境交界點。奧地利與德國的四境交界點就是其中一例，這個點鄰近奧地利榮霍爾茨的準內飛地（參考本書第八篇）；荷蘭與比利時之間也有類似的四境交界點，位於巴勒這座被一分為二的城鎮上（參考本書第七篇）。這類的四境交界點，也被稱為兩國四境交界點。

此外，還有組合四境交界點（combined quadripoints）。舉例來說，兩個國家與第三個國家的兩個省，共四條邊界在一個點交會（或者任何這種類似的組合）。立陶宛、俄羅斯（卡里寧格勒）以及波蘭兩個省的四境交會點，即是其中一例。

近代歷史中曾經出現過兩個四境交界點。第一個位於查德湖（Lake Chad）南部，在一九六〇年存在了數月之久，三個獨立的國家（奈及利亞、查德以及喀麥隆）與英屬喀麥隆在此交會；其後，在這座英國託管領地上的一次公民投票決定，北部與奈及利亞合併，而南部則與喀麥隆合併，於是這個四境交界點變成了三境交界點。另一個類似的四境交界點是由三個獨立的國家（比利時、荷蘭與普魯士〔即德國〕）與莫里斯尼特中立領土（Neutral Moresnet）共同形成，從一八三九年到一九二〇年持續了較長的一段時間。莫里斯尼特是一座共管地，由荷蘭與普魯士共同設立；比利時脫離荷蘭之後，這座共管地就由比利時與普魯士共同治理。一八七六年德意志統一，使得莫里斯尼特變成由比利時與德國共同治理（儘管莫里斯尼特逐漸取得愈來愈高的內部治理權支持度，並有愈來愈多的人民要求完全獨立）。根據一九一九年的《凡爾賽條約》，莫里斯尼特中立領土與其他幾座鄰近的德國城鎮，一起被裁定判給了比利時；如今，這些領土代表了比利時德語社群的一部分，亦為比利時最小的聯邦社區。

卡里寧格勒,俄羅斯

立 陶 宛

馬里揚波列(Marijampolė)

瓦爾米亞馬祖里省
(Warmińsko-Mazurskie)

波德拉謝省
(Podlaskie)

波　　蘭

埃烏克(Ełk)

0　　　　　　25 km

四境交界點也存在一個國家的不同組成部分，最知名的就是美國的科羅拉多州、猶他州、新墨西哥州以及亞利桑那州這四個州所形成的四境交界點，由一座四角落紀念碑（Four Corners Monument）加以適當地標記出來。北美另一個四境交界點，位於加拿大的曼尼托巴、薩斯喀徹溫（Saskatchewan）、西北領地（Northwest Territories）以及奴納武特（Nunavut）之間，但尚未經過正式的確認。來到大西洋對岸的英國，也有一座被稱為四郡石（Four shire stone）的紀念碑，誌記著以前一個由英國的四個郡——格洛斯特郡（Gloucestershire）、牛津郡（Oxfordshire）、沃里克郡（Warwickshire）以及伍斯特郡（Worcestershire）——所形成的四境交界點。由於伍斯特郡的邊界在一九三一年進行了變更，其後這座紀念碑所在的位置，遂成了另外三個郡的三境交界點。

格陵蘭(Greenland),丹麥

西北領地

奴納武特
(Nunavut)

加 拿 大

曼尼托巴

薩斯喀徹溫
(Saskatchewan)

美 國

0　　　500 km

在較低的行政層級上，舉例來說，城市與直轄市，也有多境交界點，其中有些甚至相當複雜。在芬蘭，土庫市（Turku）附近有一個七境交界點，有七個直轄市在這裡交會（有一陣子甚至是八境交界點，直到其中的兩個直轄市合併）。佛羅里達州當地有一個五境交界點，菲律賓有一個六境交界點和一個八境交界點，愛爾蘭與義大利都有十境交界點。在義大利西西里島卡塔尼亞省（Catania），組成埃特納火山公園（Park Etna）的二十個直轄市中，有多達十一處（包括其中一個城市有兩處）的邊界在一個點上交會，形成了（或許是）全世界唯一的十一境交界點，就坐落於埃特納火山中心。

蘭達佐(Randazzo)

馬萊托(Maletto)

▲埃特納火山(Mt Etna)

布蘭卡維尼亞(Biancavilla)

佩達拉(Pedara)

0   5 km

27

不尋常的國內邊界：亞洲

朋迪治里（Puducherry）
阿拉伯聯合大公國

境內有眾多內飛地的小國

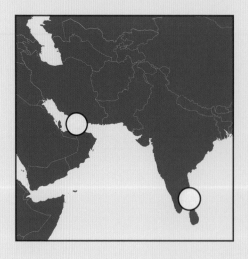

朋迪治里 11º 56' 17"N｜79º 48' 56"E
阿拉伯聯合大公國 24º 54' 25"N｜55º 35' 48"E

位於阿拉伯聯合大公國與阿曼交界處的哈傑爾山（Jabal Hafeet Mountain）

世界上大部分的國家都有自己的國內邊界，描繪出各行政區域的輪廓。就像國家之間的邊界旨在盡可能地保持單純，進而使得相鄰國家之間的關係也盡可能保持友好，國內的邊界也是如此，應該要簡單明瞭且合乎邏輯。綜觀歷史上多次的經驗都指出，國內的邊界最好可以被明確定義並清楚劃分，否則也極有可能成為衝突的源頭（正如我們在蘇聯與南斯拉夫解體的例子中所見）。儘管如此，世界上仍有些相當奇特的國內邊界存在。

朋迪治里（Puducherry，目前的官方名稱是Pondicherry）屬於印度的聯邦屬地，是其中最小（占地僅四百九十二平方公里）也是最分散的一座，由四個行政區組成，而每個行政區都是一座內飛地。這些行政區中，有些還包含了其他的內飛地；最主要的一個行政區甚至包含了十一座的內飛地，被當地人稱為小區（pockets）。三個行政區（朋迪治里、雅南〔Yanam〕、卡來卡〔Karaikal〕）坐落於孟加拉灣，而最小的行政區（占地九平方公里的馬埃島〔Mahe〕）則位於阿拉伯海沿岸。殖民統治仍然是造成這座領土四分五裂的原因。這些內飛地原為法國的殖民地，二次大戰後歸還給印度；而儘管彼此相距數百公里之遙，仍然構組成一座統一的聯邦屬地。

新德里

印　度

雅南(Yanam)

朋迪治里
(Puducherry／Pondicherry)

馬埃島
(Mahe)

卡來卡(Karaikal)

0　　500 km

朋迪治里聯邦屬地

孟 加 拉 灣

0　　5 km

阿拉伯聯合大公國境內的邊界也同樣複雜，除了最大的酋長國阿布達比，所有其他的酋長國皆由眾多的內飛地與外飛地組成，地圖上的數字代表了七個不同的酋長國。

印度尼西亞共和國是世界上最大、人口最稠密的國家之一，由三十四個省所組成，其中兩個極為特別而且自行其事。最西邊的亞齊省（Aceh），是印尼各省中唯一一個徹底施行伊斯蘭教法的省；另一方面，在爪哇島南部的特區日惹（Yogyakarta），則是印尼各省中唯一一個奉行君主政體（由蘇丹統治[1]）的省。日惹市的蘇丹在爭取印尼獨立上貢獻良多，從而獲得這項權利。

編注1　蘇丹一詞原本是阿拉伯語中的抽象名詞，有力量、統治權等意，限於穆斯林國家使用；後來則成為絕對主權地區的統治者頭銜，例如一個省的總督。

1 – 阿布達比（Abū Ẓaby／Abu Dhabi）

2 – 杜拜（Dubayy／Dubai）

3 – 沙里卡（Ash Shāriqah／Sharjah）

4 – 阿治曼（'Ajmān）

5 – 歐姆古溫（Umm al Qaywayn）

6 – 拉斯海瑪（Ra's al Khaymah）

7 – 富吉拉（Al Fujayrah／Fujairah）

伊朗

荷姆茲海峽

波 斯 灣

阿 曼

阿 曼 灣

6

7

5

4

3

4

3

阿拉伯
聯合大公國

6

7

3

3

3&7

2

4

2

0   25 km

1

阿 曼

不尋常的國內邊界：北美

艾力斯島（Ellis Island）
肯塔基彎（Kentucky Bend）

即將成為一座島嶼的陸地，
但只是暫時如此

艾力斯島 40º 41' 57"N ｜ 74º 02' 25"W
肯塔基彎 36º 32' 45"N ｜ 89º 30' 44"W

美國艾力斯島

對於成千上萬在十九世紀末至二十世紀中葉懷抱著發財夢來到美國的移民來說，艾力斯島（Ellis Island）是他們初次登上這片美洲大陸的所在。這座島嶼距離自由女神像（Statue of Liberty）與自由島（Liberty Island）不到一公里，占地不過十一公頃，卻被紐約與紐澤西這兩個聯邦州之間極為奇特的邊界劃分了開來。十九世紀時，紐約州與紐澤西州對這座島嶼達成了一項協議：當時這座島嶼雖位於紐澤西州的水域之中，卻是紐約州的一座外飛地。隨著島嶼的面積逐漸不敷移民管理局日漸成長的業務需求，島嶼遂藉由填海造地的方式被大幅地擴建，面積增加到原來的大約十倍大。其後，紐澤西州指出，這座島嶼只有原來天然生成的部分是屬於紐約州，其餘人工擴建的部分則應屬於紐澤西州。但不論聯邦州界如何劃分，艾力斯島在過去兩百年間，一直都是屬於美國政府的財產。

至於相鄰的自由島（Liberty Island），則是眾所皆知的自由女神像所在位置，情況也同樣不尋常。這座島嶼屬於紐約州，但周圍水域包括海岸區，卻都屬於紐澤西州，因此，這兩個州都聲稱自己擁有自由女神像。

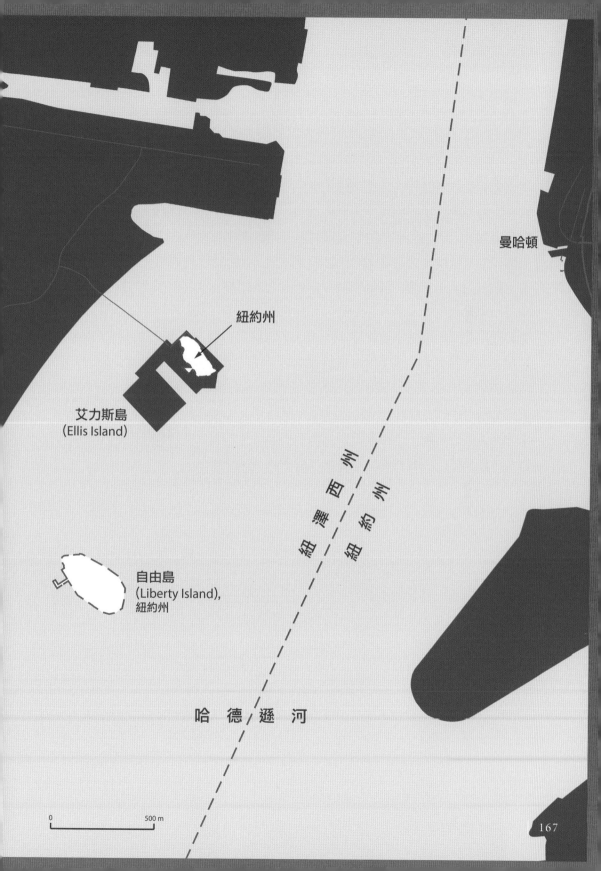

曼哈頓

紐約州

艾力斯島
(Ellis Island)

自由島
(Liberty Island),
紐約州

紐澤西州

紐約州

哈 德 遜 河

0   500 m

美國聯邦的肯塔基州，最西南端的地點就是肯塔基灣（Kentucky Bend）這座半島。半島上的居民不到二十人，占地四十五平方公里，密西西比河的大曲流形成了這裡的地形，與陸地的唯一連結則在南部毗鄰田納西州之處。但密西西比河極可能很快就會沖破這個與田納西州的陸上連結處，將肯塔基灣變成一座島嶼；果真如此，那麼肯塔基灣就會逐漸與北方相鄰的密蘇里州連在一起。

位於喬治亞州的美國小鎮佩恩（Payne，居民有二百二十人），是梅肯（Macon，居民有二十三萬人）這座較大城鎮境內的一座內飛地。經過無數次公投失敗之後，佩恩終於在二〇一五年正式解散並與梅肯合併。諾里奇（Norridge）與哈伍德高地（Harwood Heights）這兩個小鎮的情況也如出一轍，它們都是芝加哥市中正式的內飛地。美國有許多這類的例子，光是賓夕法尼亞州的城市、鄉村以及直轄市中，就有超過三百座州境之內的內飛地。

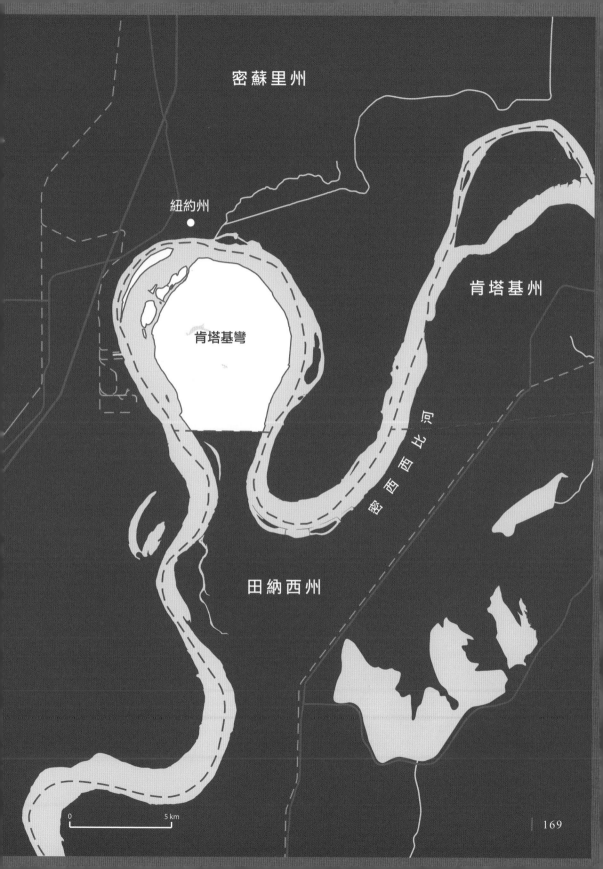

密蘇里州

紐約州

肯塔基州

肯塔基彎

密西西比河

田納西州

0   5 km

不尋常的國內邊界：歐洲

布萊梅港（Bremerhaven），漢堡
科赫特拉耶爾韋（Kohtla-Järve）
列支敦斯登（Liechtenstein）
加告茲（Găgăuzia）

為了讓城市有港口
而設置的內飛地

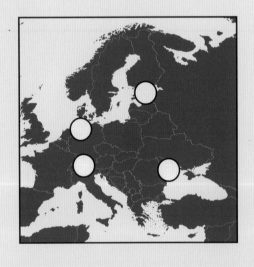

布萊梅港 53º 32' 09"N｜8º 34' 58"E
漢堡 53º 32' 58"N｜9º 59' 40"E
科赫特拉耶爾韋 59º 23' 44"N｜27º 17' 00"E
列支敦斯登 47º 08' 47"N｜9º 33' 41"E
加告茲 46º 16' 58"N｜28º 39' 41"E

德國的諾伊韋克（Neuwerk）

德國聯邦中最小的邦，正式名稱為布萊梅漢薩自由市（Free Hanseatic City of Bremen），是由兩座占地共四百零四平方公里的內飛地所組成；兩座內飛地相距約六十公里，並完全被下薩克森邦（Lower Saxony）所包圍。一八一五年的維也納會議宣布布萊梅這座城市成為德國聯邦的三十九個主權邦之一。由於威悉河（Weser River）——布萊梅所在位置，距離北海出海口六十公里——帶來大量的泥沙沉積，布萊梅需要一個位於海岸邊的新港口；於是，一座新的港口被建蓋在當時購自漢諾威王國（Kingdom of Hanover）的土地上，並被命名為布萊梅港（字面意思）；目前，這座城鎮是第二座內飛地，與布萊梅市一起組成了德國聯邦的布萊梅邦。此外，布萊梅港東北部的費摩爾（Fehrmoor），被一片屬於下薩克森邦的狹長土地把它跟布萊梅港的其他地區分隔開了，使它名符其實地成為組成這個邦的第三座內飛地。

另外一個德國聯邦中的小邦漢堡漢薩自由市（Free and Hanseatic City of Hamburg），也擁有它自己的內飛地海域。漢堡這座城邦，坐落於易北河（Elbe River）流入北海的出海口以南約一百一十公里處；由於漢堡認為它需要空間以建造一座吃水較深的港口，因此二次大戰後，北海的兩座距易北河口不遠、距漢堡約一百二十公里的小島，遂被分配給它使用。原本的計畫是要在島上建蓋起一座大型港口，但龐大的成本與環保人士持續不斷的抗議集會，使得計畫一直被推遲，到最後終於被棄置。如今，在這座內飛地上有三座島嶼：兩座天然生成——有人居住的諾伊韋克（Neuwerk，占地三平方公里，居民四十人）與無人居住的沙爾霍恩島（Scharhörn）——以及一座人工島尼格霍恩島（Nigehörn）；顯而易見的是，海浪危及了相鄰的沙爾霍恩島以及島上的鳥類保護區。現在，整座內飛地都是一座國家公園，也屬於沿著丹麥、德國、荷蘭綿延不斷的北海海岸國家公園。

北海

沙爾霍恩島
(Scharhörn)

尼格霍恩島
(Nigehörn)

諾伊韋克(Neuwerk)

什勒斯維希霍爾斯坦
(Schleswig-Holstein)

諾伊韋克,漢堡

費摩爾(Fehrmoor),
布萊梅

布萊梅港
(Bremerhaven),
布萊梅

易北河

漢堡

威悉河

下 薩 克 森 邦

布萊梅市

0   25 km

下薩克森邦

費摩爾(Fehrmoor),
布萊梅

布萊梅港
(Bremerhaven),
布萊梅

0   500 m

科赫特拉耶爾韋（Kohtla-Järve）這座愛沙尼亞城市的領土，由五座內飛地組成：阿特密（Ahtme）、耶爾韋（Järve）、庫魯塞（Kukruse）、奧魯（Oru）和頌帕（Sompa），同時被不尋常地分隔成獨立的區域。這座城鎮有大約三萬七千名居民，大多數為俄羅斯民族；其中兩座最遠的內飛地，彼此相距約三十公里。在蘇聯時期，還有幾座內飛地屬於這座城市，如今皆成了獨立的城鎮；二〇一七年行政改革之後，又有兩座內飛地（維維科納〔Viivikonna〕與西爾加拉〔Sirgala〕）從自治市中被分了出來。

列支敦斯登公國（Principality of Liechtenstein）雖然是世界上最小的國家之一，境內的邊界卻相當地崎嶇不平，有多座內飛地。

瑞士有幾個特定的邦，也是由數個不連續的部分所組成，譬如沙夫豪森（Schaffhausen，德國外飛地布辛根〔Büsingen〕即坐落於此）、索洛圖恩（Solothurn）以及弗里堡（Fribourg／Freiburg）。

芬 蘭 灣

耶夫(Järve)

頌帕(Sompa)

庫魯塞(Kukruse)

阿特密(Ahtme)

奧魯(Oru)

愛 沙 尼 亞

0   4 km

加告茲（Găgăuzia）是位於摩爾多瓦（Moldova）的自治區，這一區的地名即是以該區大多數的居民（加告茲人）來命名。加告茲人或許源自塞爾柱土耳其人（Seljuq Turks），儘管他們在十八世紀時已經改信了東正教（Eastern Orthodox Christianity）；十九世紀初，他們移居至俄羅斯的比薩拉比亞（Bessarabia），至今仍居住於該地。自一九九一年摩爾多瓦宣布獨立之後，又經過數年的談判，才成功宣告加告茲自治區的成立，並通過了一項裁決：加告茲人超過全體居民百分之五十的地區、以及占有全體居民百分之四十到五十的地區，可由公民投票決定該區是否應成為自治區的一部分；這項裁決導致了位於摩爾多瓦南部的加告茲地區，由四座內飛地所組成。根據摩爾多瓦的憲法，萬一摩爾多瓦這個國家改變了它的狀態（譬如，許多摩爾多瓦人都希望與羅馬尼亞合併），那麼加告茲就有合法權利可宣布獨立。

羅馬尼亞

摩爾多瓦(Moldova)

烏克蘭

科姆拉茨
(Comrat)

加告茲(Găgăuzia)

多瑙河

0   25 km

不尋常的國內邊界：澳洲

哲維斯灣領地（Jervis Bay Territory）
邊界小島（Boundary Islet）

僅有八十五公尺長的州界

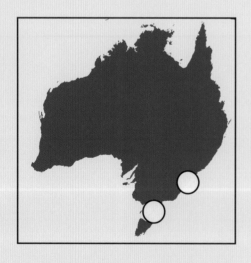

哲維斯灣領地 35° 09' 20"S ｜ 150° 41' 25"E
邊界小島 39° 11' 55"S ｜ 147° 01' 17"E

哲維斯灣的垂直點燈塔（Point Perpendicular Lighthouse）

儘管澳洲並沒有任何與其他國家毗鄰的邊界，但這並不意味著這座最小的大陸（其上有著此地最大的國家）沒有任何異常的內部邊界。

澳洲是個聯邦，由六個州、兩個主要的本土領地以及數個較小的地區共組而成。六個州包括西澳大利亞州、新南威爾斯州、昆士蘭州、南澳大利亞州、塔斯馬尼亞州以及維多利亞州，兩個領地則是北領地與澳大利亞首都領地。

關於澳大利亞首都領地（亦即ACT）的第一個奇特之處，在於這片領地是一座位於新南威爾斯州的內飛地，距離塔斯曼海約一百公里之遙。當澳大利亞首都領地被建立起來時，人們通過了一項決定：這個地區必須能夠通往海洋；為了達成這個目的，哲維斯灣領地（Jervis Bay Territory）被建立在沿岸地區，一個與它同名的海灣南部（距離坎培拉約一百五十公里）。事實上，這塊地區直到一九八九年都屬於澳大利亞首都領地；就在那一年，澳大利亞首都領地的內部地位更上了一層樓，於是哲維斯灣領地遂成了澳洲聯邦之內的另一片領土。但由於澳洲憲法規定，澳大利亞首都領地要能通往海洋，據稱因此決定了哲維斯灣北部——雪梨以南一百三十公里處的比克羅夫特半島（Beecroft Peninsula）——成為一座附屬於澳大利亞首都領地的外飛地。有趣的是，半島的最頂端以及燈塔，仍然是屬於新南威爾斯州的領土；因此這麼一來，澳大利亞首都領地的外飛地遂包圍住了新南威爾斯州的外飛地。比克羅夫特半島大部分地區無人居住，是用來做為澳洲的軍事訓練用地。另一方面，根據某些資訊指出，比克羅夫特半島南部雖然仍在新南威爾斯州境內，但實際上屬於聯邦政府。真實情況究竟如何，目前尚無法明確得知。

新南威爾斯州

哲維斯灣(Jervis Bay)

比克羅夫特半島
(Beecroft Peninsula)

新南威爾斯州(NSW)

博恩島
(Bowen Island)

聖喬治盆地
(St Georges Basin)

哲維斯灣領地

塔斯曼海 (Tasman Sea)

0   5 km

另有一個奇特之處與塔斯馬尼亞州及維多利亞州的陸界有關。由於塔斯馬尼亞是個島州，它與其他州的陸界並未顯示於任何地圖上，但這些陸界的確存在，就位於巴斯海峽（Bass Strait）的邊界小島（Boundary Islet）上，將塔斯馬尼亞州與澳洲大陸分開。當塔斯馬尼亞州北邊海域的邊界被劃定時，人們決定沿著39°12'的緯度繪製這條邊界；這條邊界被建立起來之後，當時人們相信，邊界小島並非位在比這條緯度39°12'的邊界更北方之處，而是正好坐落於其上，因此才有了「邊界小島」之名。這是澳洲最短的州界，只有八十五公尺長。小島占地約六公頃，宛如一塊任由風浪無情拍打的光禿岩石。

維 多 利 亞 州

塔 斯 馬 尼 亞 州

邊界小島
(Boundary Islet)

霍根島
(Hogan Island)

巴 斯 海 峽

0   1 km

28
不尋常的首都

正式首都是一座鬼城
的唯一國家

或許每個人都知道，一個國家的首都就是總統、君王、政府、議會以及高等法院的所在地。然而，每個國家的情況都是這麼單純嗎？當然不是。

舉例來說，愛沙尼亞的正式首都是塔林（Tallinn），但高等法院與好些政府部門都位於塔爾土（Tartu），自十七世紀中葉以來，塔爾土一直是愛沙尼亞的大學中心。

德國的首都柏林是總理與總統的所在地，然而，波昂（Bonn）亦是好幾個政府部門的所在地以及總理與總統的第二駐所。卡爾斯魯厄（Karlsruhe）是大多數司法機關的所在地，聯邦憲法法院也位於此。

蒙特塞拉特（Montserrat）的普利茅斯（Plymouth）城

蒙特內哥羅（Montenegro）的首都是波德里查（Podgorica），但總統的官方所在地則位於前皇室首都策提涅（Cetinje）。

南非並未在憲法中指定其首都，但明確地規定了普利托利亞（Pretoria）為其行政中心以及總統與政府的所在地（大部分的大使館都位於普利托利亞）；開普敦（Cape Town）是立法中心以及議會所在地；布隆泉（Bloemfontein）是司法機構所在地，最高法院就坐落於此。彷彿情況還不夠複雜似的，憲法法庭卻位於約翰尼斯堡（Johannesburg）。

相反的，有些國家出於種種原因，根本沒有一座官方的首都。舉例來說，法國、葡萄牙以及瑞士，這些國家的憲法並未明定任何城市為首都，儘管所有的政府機構幾乎都理所當然地坐落於巴黎、里斯本以及伯恩（Bern）。有些國家則是太小了，所以沒有首都，包括梵蒂岡（Vatican City）、新加坡和摩納哥，都是城市國家（city-state）。位於太平洋的小國諾魯（Nauru）並沒有正式的首都，雖然島上最大的村落亞倫（Yaren）是其政府的所在地。

某些國家的首都並非政府的所在地，譬如，喬治亞的首都提比里斯（Tbilisi）是總統與最高法院的所在地，但西部的庫臺西（Kutaisi）則是議會與政府的所在地。荷蘭的憲法規定阿姆斯特丹為其首都，儘管政府、議會、最高法院、皇家城堡以及大部分的大使館都坐落於海牙（Hague）。

蘇克瑞（Sucre）始終是玻利維亞（Bolivia）的官方首都，雖然實際上，幾乎所有的政府機構都位於拉巴斯（La Paz）；有趣的是，拉巴斯是全世界海拔最高的首都（海拔三千六百四十公尺），而蘇克瑞亦以海拔二千七百五十公尺的高度名列第二。智利的情況也很有趣，這個國土極端細長的國家，首都是智利聖地牙哥（Santiago de Chile），但議會則位於約五十公里以外的海岸城市瓦爾帕萊索（Valparaíso，西班牙意思是「天堂之谷」）。一九八三年，象牙海岸（Côte d'Ivoire／Ivory Coast）正式宣布位於中部的城市雅穆索戈（Yamoussoukro）為其首都，但幾乎所有的政府機關與大使館仍然位於海岸區的阿必尚（Abidjan），一座擁有近五百萬居民的大都會。世界上有許多國家的新首都被建蓋在現有首都的範圍之外：南韓近年來將眾多政府部門及行政機構遷移至世宗市（Sejong City）；馬來西亞將其政府所在地移至布城（Putrajaya）[1]；而緬甸也將首都遷移至仰光（Yangoon）以北約三百二十公里處的奈比多（Naypyidaw）[2]。

值得注意的是，有些國家有好幾個首都，不同的組成部門分別位於不同的首都。屬於葡萄牙自治區的亞速爾群島（Azores）情況正是如此，該群島有三個首都，分別皆坐落於「各自」的島嶼上：自治政府位於朋達德加達（Ponta Delgada），議會位於歐塔（Horta），英雄港（Angra do Heroísmo）則是司法中心以及該群島的歷史首都。西班牙的自治區加納利群島（Canary Islands），距西撒哈拉與摩洛哥海岸不遠，有兩座並列的首都：聖克魯茲省（Santa Cruz de Tenerife）與大加納利島帕馬斯（Las Palmas de Gran Canaria）。兩個波士尼亞政體之一的塞族共和國官方首都為塞拉耶佛（Sarajevo），雖然幾乎所有的治理機構都在巴尼亞盧卡（Banja Luka）。第十州（Canton 10，或稱赫塞哥波士尼亞州〔Herzeg-Bosnia County〕）有三座首都：地方首長的所在地是庫普雷斯（Kupres），立法中心位於托米斯拉夫格勒（Tomislavgrad），而波士尼亞與赫塞哥維納聯邦州政府所在地則位於利夫諾（Livno）。

屬於英國海外領土的加勒比島嶼蒙特塞拉特（Montserrat），目前其首都的狀況可能是最奇特的一種了。一九九五年的一場火山爆發，摧毀了半個島嶼，包括首都普利茅斯（Plymouth）；目前，當地政府的暫時總部位於北方的城鎮布萊茲（Brades），新的首都則被建蓋在小灣（Little Bay）。然而嚴格來說，廢棄的普利茅斯仍然是該國的首都，使其成為唯一一個國家或一座領土其正式首都是一座鬼城。（參考本書第三十九篇）

編注1　1999年，馬來西亞政府的行政機構所在地正式從吉隆坡遷至布城。
編注2　2005年，緬甸將其首都從仰光遷移到奈比多。

29

昌第加（Chandigarh）
印度

既是兩個邦的首府、
又是聯邦屬地的城市

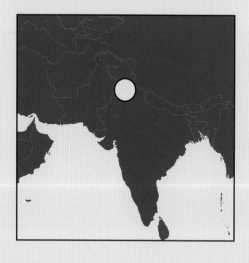

30° 43' 51"N｜76° 45' 41"E

巴基斯坦

達蘭薩拉(Dharamshala)

中國

希馬喬邦
(Himachal Pradesh)

旁遮普邦(Punjab)

昌第加(Chandigarh)

北安查爾邦(Uttarakhand)

印　　　度

哈里亞納邦(Haryana)

德里

新德里

北 方 邦
(Uttar Pradesh)

拉賈斯坦邦(Rajasthan)

0　　　50 km

世界上許多國家的首都都有自己的行政單位，獨立於該國的其他地區之外。這種情況存在於美國（華盛頓特區就是獨立的一區，由馬里蘭州與維吉尼亞州租給美國聯邦政府）、阿根廷（首都的正式名稱為布宜諾斯艾利斯自治市）、澳洲（坎培拉並不屬於任何聯邦州，而是新南威爾斯州境內的一座內飛地）、奧地利（維也納市既是奧地利的首都，也是聯邦州之一）以及衣索比亞（阿迪斯阿貝巴〔Addis Ababa〕的情況類似維也納）。

然而，在極少數的情況下，某個區域的首府也可能獨立於其所處的地區之外。印度的昌第加（Chandigarh）就是其中一例，這個城市是印度兩個邦——旁遮普邦（Punjab）與哈里亞納邦（Haryana）——的首府，但正式說來，它並不屬於這兩個邦，而是擁有印度聯邦屬地的地位。

為了理解這種不尋常的狀況，我們必須稍微回顧一下歷史。二次世界大戰後，印度脫離英國而獨立，但同時也分裂為以回教徒為主的巴基斯坦（包括現在的孟加拉）以及現在的印度。在這場分裂過程中，旁遮普省的一部分及其首府合爾（Lahore）被分給了巴基斯坦，剩下的部分則形成了印度的旁遮普邦；在知名的印度總理尼赫魯（Nehru）倡議下，旁遮普邦的一座新首都昌第加被建立了起來。十年之後，旁遮普邦的南部也脫離了旁遮普邦（主要語言為旁遮普語），形成了哈里亞納邦（主要語言為北印度語）。由於昌第加就位於這些邦的邊界上，因此人們決定，它仍然是「雙方」的首都；這本該是個暫時的方案，只維持到哈里亞納邦建立自己的首都為止。然而，這件事一直都沒有發生。

如今，昌第加擁有印度聯邦屬地的地位，同時，也是兩個鄰邦的首府；這個奇特之處反映在一個事實上：昌第加在印度聯邦中的地位，幾乎與以它做為首府的兩個邦不相上下。此外，昌第加市也被劃分為昌第加聯邦屬地的首府。

這座城市以其現代建築與城市風格聞名於世，有鑒於城市的總體規畫是由著名的法國建築師柯比意（Le Corbusier）所設計，這個事實並不讓人感到驚訝；除了建築之外，昌第加也以蓊鬱綠意、整潔程度以及全印度人均收入最高的所在為榮。

近年來，大昌第加（Greater Chandigarh）的發展日益蓬勃繁盛，包括昌第加地區以及鄰近的旁遮普邦、哈里亞納邦以及希馬喬邦（Himachal Pradesh）的幾個周邊城市（西藏流亡政府所在的達蘭薩拉，即位於希馬喬邦）。

往南數百公里處的另一座城市海德拉巴（Hyderabad），也是印度兩個邦的首府，它是安得拉邦（Andhra Pradesh）長期以來的首都。當北方分裂出去而形成一個新的聯邦，亦即泰倫加納邦（Telangana），海德拉巴則留在其領土之中。根據當時的一項協議，海德拉巴將維持其共同首都的地位，但至多不超過十年之久，直到安得拉邦建好它的新首都阿馬拉瓦蒂（Amaravati）。

說明：印度是由聯邦屬地與各個邦所組成。主要的不同點在於，各邦以民主方式選擇其地方首長，而聯邦屬地則由印度總統任命行政官員直接管轄。

昌第加的議會大樓由現代主義建築師柯比意所設計

30

托爾尼奧與哈帕蘭達 (Tornio and Haparanda)

芬蘭｜瑞典

可以慶祝兩次新年的
合併城市

65º 51' 06"N ｜ 24º 08' 38"E

芬蘭

瑞典

托內(Torne)

托爾尼奧
(Tornio)

維多利亞
廣場

哈帕蘭達(Haparanda)

0   1 km

托內（Torne）或稱托爾尼奧（Tornio）是一條源自瑞典北部的河流，沿著河流大約從中間位置來到波斯尼亞灣的入海口，這一段路線代表了瑞典與芬蘭之間的邊界，而托爾尼奧（芬蘭）與哈帕蘭達（Haparand，瑞典）這兩個城市就坐落在河口處。由於在過去五十年來，這些國家之間的邊界基本上是完全開放的，導致這些城市開始進行合併；而瑞典與芬蘭加入歐盟以及後來兩國簽訂的《申根公約》，也起了推波助瀾的作用。

托爾尼奧坐落在與其同名的河口處一座大島上，這座城市是由瑞典人於十七世紀時建立的；當時，芬蘭仍屬於瑞典，托爾尼奧則是一座重要的貿易城鎮，城鎮居民通行的語言以瑞典語為主，而城鎮周圍的村莊以芬蘭語為主；北歐原住民薩米人（Sami people）則住在城市的北部地區。十九世紀初的瑞典—俄羅斯戰爭（Swedish–Russian war）之後，整個芬蘭（包括托爾尼奧）成了俄羅斯的一部分，托爾尼奧遂成了在遙遠北方一座微不足道的駐防城市；即便芬蘭在二次大戰後終於獨立，托爾尼奧的經濟仍然衰退了很長一段時間。這也是為什麼大部分瑞典人選擇離開這座城市，去到（屬於瑞典的）托爾尼奧河對岸，發展出另一座新城市哈帕蘭達的原因。

二次大戰後，兩座城市的發展都相當迅速，這兩個斯堪地那維亞鄰國之間的邊界也變得愈來愈不重要。隨著時間過去，這種情況使得芬蘭的托爾尼奧與瑞典的哈帕蘭達兩座城市間逐漸發展出一種統一、合併的趨勢；如今，這兩座城市已被視為雙子城，兩邊的市議會正在進行一項計畫，打算將它們完全合併成一座城市，以托爾尼奧哈帕蘭達（TornioHaparanda）或者哈帕蘭達托爾尼奧（HaparandaTornio）的聯合名稱來為其命名。根據這項計畫，許多項目已然完成，許多城市服務也已經被整合在一起，河流兩岸的大部分商店都可接受歐元與瑞典克朗。一座新的中央廣場也在這個統一的城市中被建蓋起來，就位在邊界線上，並以瑞典女王儲的名字來為其命名為「維多利亞廣場」。

有趣的事實是，瑞典與芬蘭分處於不同的時區，因此在「托爾尼奧哈帕蘭達」的街道與廣場上會舉行「兩次」新年前夕的慶祝活動，就成了一個熱門的觀光景點。另一個大受歡迎的景點是一座高爾夫球場，因為球場剛好位於邊界上，使得一顆球被擊出時是在這個小時，擊中地面時卻落在前一個小時。

31
拉居赫 (La Cure)
法國｜瑞士

這半邊對德軍敞開大門、那半邊留宿法國抵抗運動成員的跨境旅館

46° 27' 54"N ｜ 06° 04' 24"E

法 國

瑞 士

拉居赫(La Cure)

阿赫貝茲旅館
（Hotel Arbez）

0   100 m

拉居赫（La Cure）是法國與瑞士邊界上的一座小村莊，位於日內瓦以北約三十公里處。在這裡，就是字面上的「位於邊界」，因為這座村莊是部分位於瑞士境內、部分位於法國境內；邊界將村莊、街道，甚至村內的若干建築物都分隔成兩半，最知名的建築物當屬阿赫貝茲旅館（Hotel Arbez）。

十九世紀下半葉前，拉居赫原本是完全屬於法國的領地，當時，法國與瑞士正為兩國之間相當複雜的邊界建立起確切的位置；這兩個國家交換了若干小塊領土的結果，使得邊界直接穿越拉居赫而被劃定。根據一項條約的協議，即使邊界將現有建築物一分為二，這些建築物也不會因此受到干擾。

拉居赫最知名的建築就是阿赫貝茲旅館，法瑞邊界穿越了這座旅館，並將其中的好幾間房間一分為二，包括一間蜜月套房，甚至還劃分過一張雙人床，使得這張床成了一個熱門的旅遊景點。

事實上，這座旅館以相當有趣的方式被建造。法國與瑞士當局在簽署這項條約時已然先行考量到，當時所有經過當局認可的既存建築物都不會被拆除；因此，一個頗具商業眼光的年輕人，就趁著條約正式生效之前，在未來邊界上的預定位址買下了一些土地並迅速地搭蓋起一棟建築。有關當局批准之後，他在建築物靠瑞士這一側開設了一間雜貨店，靠法國那一側則開設了一間酒吧；後來，這個年輕人的兒子們把這棟房子賣給了現在屋主的祖父，而現在的屋主則將房子改成了旅館與餐廳。

在二次大戰法國被德國占領期間，德國士兵可以駐留在旅館屬於法國（被占領）的一側，但被嚴禁跨越到屬於瑞士的另一側。因此，當德國士兵在法國這一邊的餐廳用餐之際，法國抵抗運動的成員可能正在瑞士那一邊的房間留宿，這種情況並不奇怪。

32

瓦爾加與瓦爾卡 (Valga and Valka)

愛沙尼亞 | 拉脫維亞

居民拜訪對街的鄰居時
得帶上護照

57° 46' 28"N | 26° 01' 25"E

200 | 不尋常的邊界地圖集

瓦爾卡
(Valka)

瓦爾加(Valga)

愛沙尼亞
拉脫維亞

0   1 km

邊界存在某些時日之後，可能會被遷移、廢除，或被新設立的邊界取而代之。有時候，由於這種改變的發生，被重新劃定的邊界可能會穿過意想不到的地方，舉例來說，穿越一座城鎮。

沃克（Walk）這座城鎮是在中世紀時由統治該地區的德國騎士所建立，如今則是前蘇聯的波羅的海共和國（Baltic republics）之屬地。將近兩世紀以來，這座城鎮始終是利沃尼亞聯邦（Livonian Confederation）議會的所在地，而該聯邦是德國騎士團最重要的聯邦州之一。一次世界大戰以及愛沙尼亞、拉脫維亞相繼獨立之後，無法確定到底哪個國家有權要求擁有沃克；因此，在國際委員會的協助下，終於議定愛沙尼亞可擁有沃克的大部分地區，而拉脫維亞可擁有小部分的地區。愛沙尼亞遂將它所擁有的部分命名為瓦爾加（Valga），拉脫維亞的部分則被稱為瓦爾卡（Valka）；事實上，拉脫維亞首次宣布獨立的地方就是在瓦爾卡，它紅白相間的國旗也是首次在這裡飄揚。二次大戰後，愛沙尼亞與拉脫維亞（非自願地）被併入了蘇聯，因此先前的國際邊界變成了蘇維埃共和國境內的邊界，這種情況一直持續到一九九〇年代，愛沙尼亞與拉脫維亞再次獨立為止：邊界再度被設立在城鎮之中，帶刺的鐵絲網重新被豎立起來，居民得帶上護照才能去對街拜訪鄰居。好在這樣的情況只維持到二十一世紀初，兩個國家都加入了歐盟以及其後的申根區。

從其時至今，瓦爾加與瓦爾卡的發展開始加快腳步：邊界的封鎖被解除了，邊境關卡以及圍籬也被拆除了，兩個城鎮逐漸合而為一，開始規劃並完全整合各種的城市服務，譬如交通運輸。歐元的引進也使居民的生活更方便了，他們的座右銘是「一城兩國」（One town, two countries）。如今，占地約十六平方公里的瓦爾加，居民有一萬三千人；而瓦爾卡則略小一點，占地十四平方公里，居民約有六千人。

33

奧得河畔法蘭克福與斯武比采 (Słubice)

德國｜波蘭

隨著國界移動
而被一分為二的城鎮

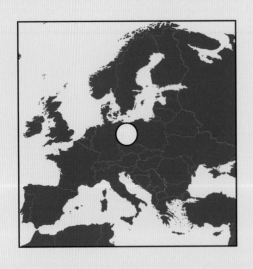

52° 20' 54"N｜14° 33' 14"E

德國

波蘭

奧得河

斯武比采(Słubice)

奧得河畔法蘭克福
(Frankfurt〔Oder〕)

奧得河

0　　　　1 km

205

每一場大戰結束之後，和平便隨之而來；然而，重建和平的條約往往會要求重劃邊界——由贏得戰爭的那一方強制加諸於戰敗的國家。二次大戰後，波蘭與德國的情況便是如此，波蘭將邊界一路擴展、遷移到奧得河，進而將幅員相當廣大的德國領土納為己有。過去只是「國境之內」的一條河流，頓時卻成了兩國之間的邊界；而與更大、更知名的美茵河畔法蘭克福（Frankfurt am Main）同名的奧得河畔法蘭克福（Frankfurt〔Oder〕），則被一分為二。

奧得河畔法蘭克福位於德國聯邦的布蘭登堡邦（Brandenburg），好一段時間以來，這裡的人口不斷減少（從一九八〇年代將近九萬人經過三十年之後減少到大約六萬人）。這座城鎮在十三世紀中才正式被賦予城鎮的地位，雖然更早之前，這裡已然有人居住：第一處定居點可能是在左岸，右岸的定居點（現在的居民是波蘭人）則是後來才出現。十九世紀時，奧得河畔法蘭克福是普魯士王國與德意志帝國最大的經濟中心（當時普魯士仍屬於德意志帝國），整個帝國第二大的年度博覽會就在這裡舉辦（只有萊比錫博覽會的規模大於它）。

二次大戰期間，發生在法蘭克福的戰役並不多，但這並不意味這裡沒有被破壞：蘇聯紅軍（Soviet Red Army）在入侵柏林的路上，燒毀了一座完全被廢棄的空城。戰後，東德與波蘭這兩個新的共產主義國家之間的邊界，沿著奧得河被劃定，因此在政治上，法蘭克福東部的達姆沃爾施塔特（Dammvorstadt）是與整個城鎮的其他地區分開的；此後不久，它就被更名為斯武比采（Słubice）了。

斯武比采是位於奧得河右岸、法蘭克福對面的波蘭小鎮，有近二萬人口，名字取自先前鄰近的西斯拉夫民族聚落「茲利維茨」（Zliwitz），十三世紀中葉的法蘭克福城市憲章中就曾存在的名字。當時，布蘭登堡伯爵（Brandenburg Graf）從西里西亞公爵（Duke of Silesia）波列斯拉夫二世（Boleslaus II）手中購買了這片土地；從其時起直到二次世界大戰，奧得河畔法蘭克福逐漸發展成一個統一的城鎮。

如今，法蘭克福與斯武比采成了兩座緊密相連的城鎮；當波蘭在二〇〇四年加入歐盟、二〇〇七年加入《申根公約》，先前將統一的法蘭克福劃開成兩個區的邊界，實際上已被廢除了。各種城鎮服務逐漸合併，同時在各個項目上展開合作，譬如位於斯武比采的聯合汙水處理廠或法蘭克福成立於十六世紀的奧得河畔法蘭克福歐洲大學（Viadrina European University）。法蘭克福歐洲大學在二十世紀末重建後，與波蘭城市波茲南（Poznań）的亞當密坎凱維奇大學（Adam Mickiewicz University）以及成立於斯武比采的波蘭學院（Collegium Polonicum），共同將這座合併的法蘭克福—斯武比采城鎮塑造成一個極為重要的歐洲大學與科學中心。

許多來自斯武比采的孩童都在法蘭克福上幼兒園，還有兩千多個波蘭人住在這座德國城鎮；在此之際，也有好幾百個德國人住在斯武比采。公共交通路線已可同時涵蓋兩座城市，旅遊手冊會同時導覽河岸兩側的文化與歷史遺跡，遺跡也都會聯合修復。如今，有愈來愈多的德國幼兒園與學校教授波蘭語，反之亦然，也有愈來愈多的波蘭學校開始教授德語。

34
哥里加與新哥里察 (Gorizia and Nova Gorica)
義大利 | 斯洛維尼亞

就連斯洛維尼亞墓碑上的姓名，都被義大利化了

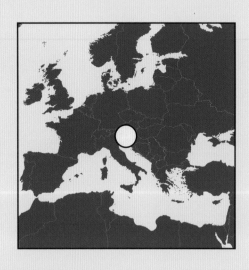

45º 57' 11"N | 13º 38' 00"E

索查河(Soča)

斯洛維尼亞

義大利

新哥里察
(Nova Gorica)

哥里加(Gorizia)

塞姆皮特普里格里西
(Šempeter Pri Gorici)

伊松索河(Isonzo)

0   1 km

索查河（Soča River，義大利語的伊松索〔Isonzo〕）流域源自阿爾卑斯山（Alps），並往下流至亞得里亞海北部，這個地區一直都十分適合居住，並以生產優質葡萄酒聞名。該區大多被丘陵與山脈遮蔽，免受寒冷的北風（被稱為布拉風〔bora〕，亦即亞得里亞海沿岸的季節性東北風）侵襲。順著索查河流域往南方出海口漸漸展開了開闊谷地，溫暖的氣流形成宜人的地中海氣候；無怪乎在十世紀時，已有一座村莊被建蓋在索查河河谷中，名叫哥里加（Gorizia，斯拉夫語，意指「小丘」）。十六世紀以來，在哈布斯堡王國統治時期，哥里加快速地發展成一個重要的多民族城鎮，說著多種語言（夫里阿利語〔Friulian〕、威尼斯語〔Venetian〕、德語以及斯洛維尼亞語）。其後，在十九世紀初，哥里加成了奧地利貴族的熱門度假勝地，並贏得「奧地利的尼斯」之美譽。

第一次世界大戰期間，義大利加入協約國的陣營，並與奧匈帝國（Austro-Hungarian）的軍隊在哥里加周圍地區展開了激烈的對戰；戰後，哥里加成了短命的斯洛維尼亞、克羅埃西亞與塞爾維亞國（後來成了南斯拉夫王國一塊深具爭議的領土），同時，當地夫里阿利人也打算在哈布斯堡帝國的統治下維持自治區的地位。但在義大利軍隊掌控了哥里加之後，這項爭議也隨之無疾而終。

兩次世界大戰之間，哥里加仍維持為義大利領土，斯洛維尼亞人施行了激烈的義大利化，並且完全禁止使用斯洛維尼亞語（就連墓碑上的姓名都義大利化了）。

二次大戰期間，南斯拉夫游擊隊解放了哥里加，但又移交給同盟國。數年之後，決議哥里加應歸屬義大利，其東北方的郊區村鎮與周圍的村莊則應歸屬於南斯拉夫，也就是斯洛維尼亞。南斯拉夫與斯洛維尼亞當局立刻決定要以新哥里察之名，在哥里加旁與義大利的邊界上建蓋一座新的城鎮，成為這些剛取得的郊區村鎮與村莊的中心。

接下來幾年，新哥里察在現代主義的建築原則指導下，迅速地被建蓋了起來。一九四八年開始動工，一九五二年已經宣布成為一座正式的城鎮，並包含了周圍的聚落。

對於哥里加，義大利、南斯拉夫以及後來的斯洛維尼亞間的關係大致是良好的，這包括了許多體育活動與文化盛事的舉行，有助於鞏固這座為邊界所劃分的城鎮之中居民的團結精神。

近來，在斯洛維尼亞加入歐盟與申根區後，分隔這座城鎮的邊界已完全被廢除，兩邊的居民可以自由移動了。下一步，就是哥里加與新哥里察的逐步合併，也已經開始進行：雙方成立了一個聯合管理委員會以管理橫跨邊界的城區，包括了哥里加、新哥里察以及塞姆皮特普里格里西（Šempeter pri Gorici，義大利語的聖彼得〔San Pietro〕）這座斯洛維尼亞城鎮（曾在哥里加郊區）。這三座城鎮即代表了一大片連亙的城市聚落，因此，它們的合併可說是下一步順理成章的發展。

說明：夫里阿利語（Friulian 或 Friulan）屬於羅曼語（Romance language），為里托—羅曼方言（Rhaeto-Romance languages）的一個分支，多使用於義大利的夫里阿利（Friuli）地區（夫里阿利威尼斯亞朱利亞〔Friuli-Venezia Giulia〕地區），此處位於烏迪內（Udine）、波代諾內（Pordenone）以及哥里加附近、鄰近義大利與斯洛維尼亞及奧地利的交界處。大約有六十萬人會說夫里阿利語，但其中大部分也說義大利語；有些當地的學校與政府機構也會使用這種語言。說威尼斯語的人口在維內（Veneto），從威尼斯往西到維洛納（Verona）、往南到波河（River Po）、往東到夫里阿利與的里雅斯特（Trieste），共有超過兩百萬人；斯洛維尼亞沿海地區、伊斯特里亞半島（Istria）以及小部分克羅埃西亞的達爾馬提亞（Dalmatia）也說威尼斯語（大約有五萬人）；甚至在巴西（超過一百萬人）與墨西哥，也有人使用這種語言。

哥里加與新哥里察之間的邊界標誌

35

黑佐根拉特與科克拉德
(Herzogenrath and Kerkrade)
德國｜荷蘭

深富反叛精神的歐洲小鎮

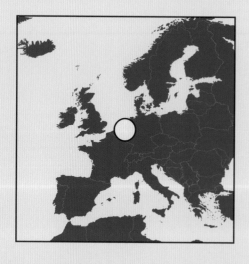

50º 51' 46"N | 06º 04' 47"E

荷　蘭

黑佐根拉特
(Herzogenrath)

科克拉德
(Kerkrade)

德　國

0   1 km

主街的這一邊，是屬於荷蘭的城鎮科克拉德（Kerkrade）；相隔不過幾公尺遠的另一邊，則是屬於德國的城鎮黑佐根拉特（Herzogenrath）。兩個城鎮之間的邊界儘管確實存在（至少以官方角度來說），但是並不可見。

黑佐根拉特是位於德國北萊茵—西發里亞邦（North Rhine-Westphalia）亞琛區的一個城鎮，建立於十一世紀，當時稱為羅德（Rode）村。在長達十個世紀的成長與發展過程中，黑佐根拉特的歸屬國不斷易手：從十七世紀時的西班牙人、十八世紀的奧地利人，一直到一八一三年的法國人。一八一五年，荷蘭王國根據維也納會議的條款，劃分出荷蘭與普魯士（德國）之間的邊界，這條邊界穿越了此城中心，因此，東部被稱為黑佐根拉特，仍處於德國的統治之下，而西部則有了科克拉德的新名稱，成了荷蘭的屬地。

科克拉德位於荷蘭的南端，十九世紀初，這裡是個重要的採礦中心，因此快速發展且吸納了周遭所有較小的城鎮。如今，科克拉德和黑佐根拉特總人口數合計大約十萬人，它們各自擁有大約五萬人。

在這座被一分為二的城鎮中，生活相當地簡單，新邊界兩側的人們說著相同的方言，仍然可感受到文化的一體性。一次大戰一開始，邊界以兩公尺高的圍籬被清楚地標示出來，主要目的是為了防止德國士兵開小差；一直到二次大戰之後，圍籬的高度才開始逐漸降低：首先，較令人愉悅的一座鐵絲網被安裝了起來，高約一百二十公分；其後，在一九六〇年代，這座圍籬被六十公分高的水泥柱所取代，柱子與柱子之間沒有任何柵欄；下一步，則是拆除這些水泥柱，在道路中央豎起一道高約二十公分的矮牆，目的是防止汽車從道路的一邊穿越到另一邊去。行人可以正常地跨過這道牆，而他們也的確常常這麼做，長久以來，從一個國家走私廉價食物到另一個國家的情況相當普遍。

二十世紀末，這道牆被徹底地拆除殆盡，在那之前，牆的兩側各有一條兩線道的道路，屬於荷蘭的那一邊被叫作新大街（Nieuwstraat），屬於德國的另一邊則被叫作新街（Neustrasse）。如今，這條街是一條雙向車道，有額外的停車位、自行車道以及綠樹。邊界並未被標示出來，但駕駛在超車時都會跨越這條邊界；沿著主街的公共交通，則是由一間來自亞琛的德國公用事業公司負責管理。

這裡曾經發生一個不尋常的問題，是由地方當局以打破規則的方式加以解決。話說，德國當局曾經命令兩個城鎮的地方當局，在交通標誌桿上並排列出德語及荷蘭語的路標；而儘管德語的路標尺寸比荷蘭語的路標大，兩者顯示的其實是相同的資訊，因此，科克拉德與黑佐根拉特兩個城鎮的地方當局皆認為這是不必要的開支，遂決定採用一項更具成本效益的解決方案：只用較小（也較便宜）的荷蘭語路標。

如今，「歐羅德」（Eurode）這個名稱被更頻繁地用在科克拉德—黑佐根拉特（Kerkrade-Herzogenrath）社區，這個詞是由歐洲（Europe）與歷史名詞布拉邦公國的羅德（Land van 's-Hertogenrode）[1] 兩個字結合而成。

說明：荷蘭唯一對遊客開放的羅馬別墅遺跡就坐落在科克拉德

編注1　黑佐根拉特曾被布拉邦公國（Duchy of Brabant）占領，因此又稱Land van's-Hertogenrode，荷蘭語意為the Duke's Rode，公國的羅德。

36

馬特朗日 (Martelange)

比利時 | 盧森堡

錯誤的地圖
導致城鎮被一分為二

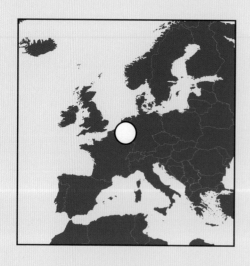

49º 50' 00"N | 05º 44' 30"

盧　森　堡

朗巴赫一馬特朗日
(Rombach-Martelange)

馬特朗日

紹爾河

比　利　時

上馬特朗日
(Upper Martelange)

0　　　　　　250 m

穿越城鎮的國際邊界，往往會給城鎮居民帶來某些問題。然而，邊界的存在也可能使一個被分隔開來的聚落受益，主要是藉由這個現象使得該地點更加有趣，從而成為某種觀光旅遊景點以促進經濟發展。

馬特朗日（Martelange）坐落於比利時東南部、毗鄰盧森堡大公國（Grand Duchy of Luxembourg）的邊界。這個曾經完整的城鎮，屬於盧森堡的一小部分被稱為上馬特朗日（盧森堡語為烏伐馬特朗〔Uewermaarteleng〕，法語為浩特馬特朗日〔Haut-Martelange〕，德語為烏博馬特林根〔Obermartelingen〕）。

這座城鎮主要是以貫穿它的 N4 高速公路而聞名，N4 是周邊國家的首都之間（比利時的首都布魯塞爾以及盧森堡的首都盧森堡）最重要的交通聯繫之一；事實上，N4 高速公路在穿越這座城鎮時，形成了比利時與盧森堡之間的邊界。由於盧森堡的燃油、菸草以及酒類的稅金遠比比利時來得低，因此，N4 高速公路屬於盧森堡的那一側密集林立的商店，沒有別的，全是加油站以及小型的菸酒專賣店。

這種不尋常的邊界現象，可回溯至十九世紀中比利時王國的邊界在被劃定之時。當時，邊境委員會決定這整條道路（也就是現在被稱為 N4 的高速公路）都應該穿越比利時領土，避免跨越鄰國的邊界；不幸的是，他們使用的舊地圖並不精確，導致馬特朗日的某些地區仍被留在盧森堡境內。當時的比利時市長對邊界劃分的結果提出了抗議，儘管這項抗議有被受理，但荷蘭人（當時與盧森堡大公國組成一個聯合王國）已經在邊界置放了標記，正式將馬特朗日一分為二。

近代的趨勢發展，再度促成馬特朗日兩側某種程度上的合併。第二次世界大戰後，比利時、荷蘭以及盧森堡組成了比荷盧聯盟（Benelux）；不久之後，歐盟的前身也逐步形成（歐洲煤鋼共同體、歐洲經濟共同體以及歐洲共同體），其中的每個聯盟都使邊界的重要性逐步降低，但各會員國的稅率仍由各國自行決定與控制。如今，馬特朗日的居民多從 N4 高速公路屬於盧森堡那一側的眾多加油站購買燃油，同時，高速公路有一側也成了小鎮朗巴赫（Rombach）的一部分；但由於朗巴赫與它的比利時「雙胞胎」馬特朗日聯繫緊密，所以也被稱為朗巴赫馬特朗日。

如此密集的加油站（一公里內開設了十五間），間接導致了一九六〇年代末期一次重大意外事故的發生；當時，一輛載運了大約四十五噸汽油的油罐車翻覆，造成一場二十二人死亡、一百二十人受傷的大爆炸意外，包括藥房、旅館、郵局、商店以及銀行在內的二十多棟建築物也被完全炸毀。其後，一座紀念碑被豎立在此以誌記這場悲劇。不幸的是，就連這座紀念碑也未能倖免於難：一九九〇年，另一輛油罐車又翻覆墜河，不但造成嚴重的化學汙染，亦摧毀了這座紀念碑。

值得注意的是，比利時和盧森堡之間的邊界，事實上並非如我們所設想的那般，沿著 N4 高速公路的中線延伸；而是位在距離盧森堡那一側公路邊緣的一、兩公尺處。這意味著，幾乎所有位於盧森堡那一側的物事，事實上有部分屬於比利時。馬特朗日以通行四種語言而聞名：瓦隆語（Walloon，最北端的羅曼語）、法語、德語和盧森堡語。法語與盧森堡語屬於比利時一側所使用，瓦隆語、德語和盧森堡語屬於盧森堡一側所使用。

37
伊斯坦堡
土耳其

橫跨兩大洲並擁有
近三千年歷史的超級大城

41° 01' 52"N | 28° 59' 59"E

黑海

博斯普魯斯海峽(Bosporus)

伊斯坦堡

藍色清真寺
(Blue Mosque)

聖索菲亞
大教堂
(Hagia Sophia)

馬爾馬拉海(Sea of Marmara)

0 ────────── 10 km

伊斯坦堡是歐洲最大的城市，也是中東最大的城市，更是全世界第六大的城市。[1] 擁有將近三千年的歷史，這個城市曾經是好幾個稱霸全球的帝國首都，亦是全世界第五大最受歡迎的城市旅遊勝地。

能滿足上述所有條件的城市，對於一個國家或甚至一座大陸來說都太大了。這就是為什麼有著一千五百萬人口、占地約五千平方公里的伊斯坦堡，以其橫跨歐亞兩大洲之姿建立起這座巨大的城市。這裡是土耳其的文化、經濟以及歷史中心，商業及歷史中心位於城市坐落在歐洲的部分；而在亞洲的部分，則有三分之一的人口居住於此。這個橫跨歐亞的城市可通往兩座海洋（馬爾馬拉海與黑海）以及連接這兩座海洋的海峽（博斯普魯斯海峽）。

位於現在伊斯坦堡歐洲地區的第一座殖民地，是由來自雅典地區的希臘殖民者於西元前七世紀建立，以拜占庭（Byzantium）為名（希臘語為Βυζάντιον）。拜占庭的重要性在第四世紀快速提升，當時，君士坦丁大帝決定讓這座城市成為羅馬帝國的新都，並重新命名為君士坦丁堡（Constantinople，希臘語為Κωνσταντινούπολι，即「君士坦丁市」之意）；雖然當時君士坦丁大帝曾經嘗試著推動以「新羅馬」（New Rome）之名來稱呼這座城市，該名稱並未被廣泛使用。事實上，伊斯坦堡經常被非正式地稱作「城市」（the City）。鄂圖曼帝國在一四五三年征服了君士坦丁堡之後，一直到土耳其共和國在一九二三年宣布成立，這個城市一直使用康斯坦丁尼耶（Kostantiniyye）這個名稱，意思是「君士坦丁的城市」。伊斯坦堡這個名稱，最早是在十世紀的亞美尼亞與阿拉伯文獻出處中提及，據推測是來自希臘詞彙「Στς την Πόλη」（發音即為伊斯—坦—堡〔eis tēn pólin〕），是「通往城市」（to the city）之意。一直到一九二三年土耳其共和國宣布成立，伊斯坦堡才成為這座城市的正式名稱。

如今，伊斯坦堡以高密度人口與眾多深具紀念意義的歷史建築為其特色，諸如著名的聖索菲亞大教堂，建於六世紀東羅馬皇帝查士丁尼一世（Justinian I）統治時期（拜占庭帝國）；藍色清真寺（蘇丹艾哈邁德清真寺〔Sultan Ahmed Mosque〕）以其宏偉建築著稱；還有豪華的多爾瑪巴切宮（Dolmabahçe Palace），擁有二百八十五個房間以及四十六座裝飾得富麗堂皇的大廳。

伊斯坦堡的亞洲部分，由幾個商業區、大型住宅區、大型公園與碼頭以及伊斯坦堡境內唯一的溫泉組成，並藉由兩座橋梁與一條鐵路隧道與歐洲部分相連。這條隧道的工程被延宕了無數次，完工期限不斷展延，因為工人在挖掘過程中不斷發現極具價值的歷史遺跡。[2]目前，第三座橋梁與第二條隧道的建設正在計劃中。

編注1　依據不同標準，隨時皆有變動。
編注2　此工程已於2016年完工，2018年通車。

二千五百公里長的河流，
將城鎮劃成分屬兩大洲

46º 59' 35"N | 51º 44' 49"E

窩瓦河(Volga)

俄 羅 斯

馬格尼托哥爾斯克
(Magnitogorsk，又名鋼城)

奧倫堡(Orenburg)

烏拉爾斯克
(Ural'sk)

烏
拉
爾
河
(Ural)

奧斯克
(Orsk)

窩瓦河(Volga)

烏
拉
爾
河
(Ural)

哈 薩 克

阿泰勞(Atyrau)

裏海
(Caspian Sea)

烏茲別克

0   200 km

烏拉爾河發源自烏拉爾山脈（Ural Mountains）南麓並流入裏海，總長近二千五百公里，是歐洲第三、亞洲第十八長的河流。烏拉爾河的源頭位於俄羅斯的巴什科爾托斯坦共和國（Russian Republic of Bashkortostan，前身為巴什基里亞〔Bashkiria〕），在此，這條強勁的河水被稱為亞伊克河（Yaik），而其河口是在哈薩克，被當地人稱為傑伊克河（Jaiyq）。十八世紀末之前，這條河的俄語名稱一直都是亞伊克。

大多數專家都認為這條河是歐亞邊界的一部分。從整個流域範圍來看，它流經烏拉爾山脈、烏拉爾河、裏海、高加索山脈、黑海、博斯普魯斯海峽、馬爾馬拉海以及達達尼爾海峽（Dardanelles）。隨著時間推移，許多原本在烏拉爾河一側河岸上形成的城市，逐漸延展到另一側的河岸，並進而擴展到另一座大陸上。馬格尼托哥爾斯克（Magnitogorsk，又名鋼城）就是第一個這種類型的城市，一座烏拉爾山脈最南端、位於河岸邊的工業城。雖然近年來人口已逐漸減少，仍有四十多萬的居民。馬格尼托哥爾斯克鋼鐵公司（MMK）是這座城市主要的工業廠房，也是俄羅斯最大的鋼鐵廠之一。鄰近大型鐵礦礦床是這個廠鎮得以蓬勃發展的原因，這在二戰期間至關緊要；同時，距離前線甚遠的優勢也使這座城市得以生產大量迫切需要的鋼鐵。當然，如此大量的生產也為整個地區帶來嚴重的汙染，而且這個問題至今仍然存在：馬格尼托哥爾斯克是世界上汙染最嚴重的二十五個城市之一。其後，可用鐵礦數量逐漸消耗殆盡，使得馬格尼托哥爾斯克鋼鐵公司不得不改從哈薩克進口這項原物料。

馬格尼托哥爾斯克以南約二百五十公里處，坐落著奧斯克（Orsk），是烏拉爾河上另一個橫跨兩大洲的城市，奧斯克的居民如今大約有二十四萬人。十八世紀時，它不僅是一座重要的貿易中心，更以製造優質的披肩與圍巾知名；而在二十世紀時，它以開採一種色澤濃豔的半寶石——碧玉——而聞名於世。

奧倫堡（Orenburg）是奧倫堡地區的首府，在奧斯克下游二百五十公里處，是另一座範圍延伸至兩大洲的城市，較大的部分座落於歐洲，較小的部分則位於亞洲。奧倫堡的位置距離哈薩克邊界不到一百公里，人口超過五十萬，是俄羅斯能源部門的一大中心；此外，這座城市有許多大學、院所、博物館以及劇院，使其成為該地區重要的教育與文化中心。

在烏拉爾河穿越俄羅斯與哈薩克邊界點上約八十五公里處（直線距離），這條河貫穿了烏拉爾斯克（Ural'sk），這是哈薩克第一個跨洲的城市。烏拉爾斯克大部分地區位於烏拉爾河西部，使它成了一個以歐洲為主的城市；有些較小的住宅區與機場，則位於對岸的亞洲地區。這座城市跟烏拉爾河上大多數的其他城市一樣，都是由哥薩克人在十七世紀時所建立。如今，它不僅是重要的農業與工業中心，更連結起裏海地區的油田與烏拉爾河南部的工業城鎮。

阿泰勞（Atyrau）位於烏拉爾河流入裏海的河口處，一九九一年之前一直被稱為古爾耶夫（Gur'yev）；這座有大約十五萬五千人口的城市，如今以石油工業與漁業聞名。此外，它也是哈薩克在裏海上的兩個主要港口之一，坐落於海平面以下約二十公尺處。從哈薩克通往俄羅斯一些最重要的油管，起點都在這裡。

39

鬼城

普里彼特（Pryp"yat'）　　普利茅斯（Plymouth）　　卡曼斯科（Kolmanskop）
申卓利亞（Centralia）　　克拉科（Craco）　　　端島（Hashima Island）

自然災難、核緊急事故、
經濟衰退、煤礦大火，
使得居民紛紛逃離

 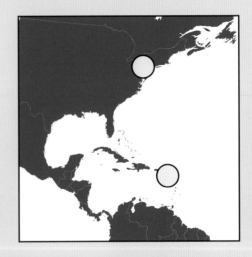

普里彼特 51º 24' 20"N | 30º 03' 06"E　　普利茅斯 6º 42' 22"N | 62º 12' 40"W
卡曼斯科 26º 42' 13"S | 15º 13' 54"E　　申卓利亞 40º 48' 13"N | 76º 20' 28"W
克拉科 40º 22' 37"N | 16º 26' 28"E　　端島 32º 37' 39"N | 129º 44' 17"E

烏克蘭的普里彼特

「鬼城」這個語詞意味著一座被廢棄的村莊、城鎮或者城市，通常都殘留大量可見的遺跡。這些聚落可能因為各種原因被廢棄，但最常見的就是經濟活動衰退；其他的原因還包括了自然與各種災難（洪水、戰爭、混亂失序的無政府狀態以及大型工業設施所發生的意外事故）。

有時候，「鬼城」也會用於形容某些尚未被完全廢棄、但人口已然顯著減少的居地；許多這類的城鎮都成了觀光勝地，尤其是在城鎮上大量建築物仍然維持完好無缺的情況下。

位於烏克蘭北部、鄰近白俄羅斯邊境的普里彼特（Pryp"yat'）就是一座知名的鬼城。這座建立於一九七〇年的城鎮，當初是為了滿足車諾比附近「V. I.列寧」核電廠員工的需求而產生；當車諾比在一九八六年發生核電廠爆炸時，普里彼特有大約五萬名居民，在災難發生之後，全都放下手邊做到一半的事，被緊急撤離了（因此，孩子們的玩具還留在公園裡，衣物還掛在晾衣繩上等著被晾乾，食物也還留在爐子上與冰箱裡……）。自其時起，這座城鎮的大部分地方都被洗劫一空，能被拿走的東西一點兒也沒留下（家具、工具，甚至馬桶）。人們不得居住在距離工廠三十公里的半徑範圍內，但遊客可以參觀這座像是某種露天博物館的城鎮；此外，動植物也特別受到監測，以觀察放射線對它們所造成的影響。

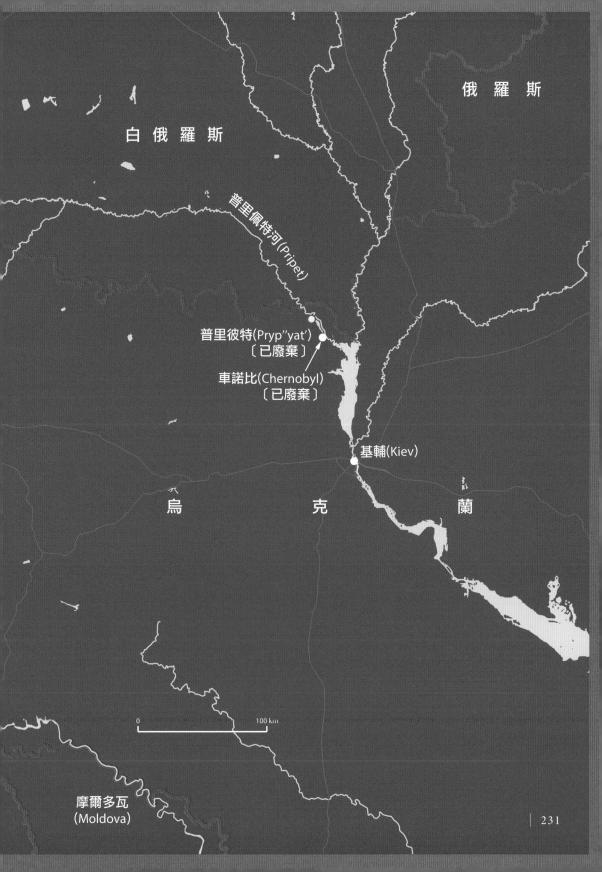

白俄羅斯

俄 羅 斯

普里偏特河(Pripet)

普里彼特(Pryp″yat′)
〔已廢棄〕

車諾比(Chernobyl)
〔已廢棄〕

基輔(Kiev)

烏　　　克　　　蘭

摩爾多瓦
(Moldova)

0　　　　　　　　　100 km

正式說來，普利茅斯仍然是加勒比海上英國海外領土蒙特塞拉特島的首府，儘管在一九九五年的火山爆發之後，這座城市的居民已被完全撤離；火山爆發幾乎摧毀了這座島嶼的南半部，當地政府也被撤離到北部的聚落布萊茲，一座新的首都開始在附近被建立起來。火山爆發造成了巨大的損害，最大的城鎮與港口普利茅斯完全為火山灰與火山泥所掩蓋，機場被摧毀，三分之二的人口被撤離到其他島嶼，至今，大部分人都還留在這些島嶼上。(參考本書第二十八篇)

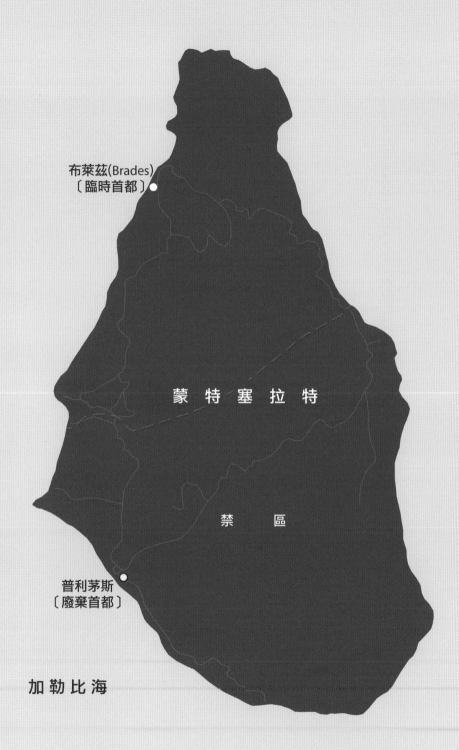

布萊茲(Brades)
〔臨時首都〕

蒙 特 塞 拉 特

禁 區

普利茅斯
〔廢棄首都〕

加 勒 比 海

0   2 km

另一座鬼城卡曼斯科，位於納米比亞南部的納米比沙漠。這座小鎮建於二十世紀初，當時，附近地區發現了鑽石；但「科爾曼的頭」（Coleman's Head，卡曼斯科在南非荷蘭語的意思，那是昔日荷蘭征服者在南非所說的語言）這座城鎮的重要性，隨著可開採鑽石數量遞減而逐漸消逝，遂在二十世紀中被完全廢棄了，成為一座鬼城，城鎮上所有德國風格的房舍也都逐漸被沙塵所淹沒。如今，小鎮成了一個熱門的旅遊景點，距離納米比亞港口呂德里茨（Lüderitz）僅約十五公里之遙。

納米比亞的鬼城卡曼斯科

納米比亞

溫荷克(Windhoek)

波札那

卡曼斯科
(Kolmanskip)
〔已廢棄〕

南　非

大　西　洋

開普敦

0　　　　　200 km

申卓利亞（Centralia）這個位於賓夕法尼亞州的小鎮，幾乎無異於一座鬼城；該鎮的人口從二次世界大戰之後的二千五百人，減少到一九八〇年代初期大約一千人，甚至到二〇一三年，只剩下十幾個人。居民人數如此快速下降的原因，是由於自一九六二年以來在申卓利亞煤礦持續燃燒的地下煤火，專家預測這場火還會持續燃燒二百五十年。火災帶來的後果是，有毒氣體自地下竄升、遍布整座城鎮；其中，最危險的氣體莫過於一氧化碳（一種沒有顏色、味道或氣味的氣體，一吸入就可能致命）。突然裂開的大水坑以及塌陷的地面，則是另一項會影響建物與道路安全的危險。於是，賓州政府決定緊急向該鎮的各產權所有人買下整座城鎮，並即刻拆除了大部分的建築物；只有十幾個極為固執的居民仍然堅守著他們的家園。附近還有另一座較小的城鎮伯恩斯維爾（Byrnesville），也遭遇了跟申卓利亞一樣的命運。

紐　約

斯克蘭頓(Scranton)

賓　夕　法　尼　亞　州

派特孫(Paterson)

申卓利亞(Centralia)

紐約

阿倫鎮(Allentown)

里丁(Reading)

特倫頓(Trenton)

蘭卡斯特(Lancaster)

費城

紐　澤　西　州

馬　里　蘭　州

巴爾的摩(Baltimore)

德拉威爾州

大　西　洋

0   50 km

克拉科（Craco）是最知名的鬼城之一，由於醒目而驚人的景象，成為極受歡迎的電影拍攝場所。克拉科位於義大利南部，當初為達防禦目的，被建蓋在一座四百公尺高的陡峭山頂、卡沃內河（Cavone River）河谷上方。首批人口撤離始於一九六〇年代，當時是由於山崩威脅到城市的安全，但山崩似乎是被人類的活動所引發，尤其是汙水處理與供水系統的興建。其後，一九七二年的一場洪水使得情況更形惡化，一九八〇年的一場地震則導致了該鎮被徹底廢棄。

義大利的鬼城克拉科

坎波巴索
(Campobasso)

亞得里亞海

巴里(Bari)

義 大 利

拿坡里(Naples)

波騰札(Potenza)

沙勒諾灣
(Gulf of Salerno)

克拉科(Craco)

塔蘭托灣
(Gulf of Taranto)

第 勒 尼 安 海 (Tyrrhenian Sea)

卡坦扎羅
(Catanzaro)

0   50 km

愛奧尼亞海
(Ionian Sea)

西西里島

日本的端島（Hashima Island）是最具吸引力的鬼城之一，這座島嶼也被稱為軍艦島（Gunkanjima，又名Battleship Island），從一八八七年到一九七四年間有人居住，當時，它的用途是開採煤礦；其後，煤炭的需求量下降，導致這座煤礦被關閉。二〇〇二年時，擁有這座島嶼的三菱商事公司（Mitsubishi Company）將它捐贈給高島市（Takashima）——目前是屬於長崎市（Nagasaki）的一部分。端島的有趣之處在於，它有大量的建築都是由混凝土蓋成（早在一九一六年，出於颱風危害的考量，已有一棟九層樓高的建築由混凝土建造而成，並用作礦工的住所），因而極受舊式建築的熱愛者與遊客的歡迎——儘管島上只有部分區域開放予遊客參觀。為了確保受損建築物與島上其他地區對遊客來說安全無虞，所需耗用的維護經費著實可觀。

最近幾年，遠東地區又出現了另一座有趣的鬼城。這個聚落被稱為三芝飛碟屋（Sanzi UFO houses），這是數棟建造於一九七〇年代末期至一九八〇年代初期造型獨特（未來派）的住宅群，坐落於臺北（臺灣的首府）北方約二十公里處。遺憾的是，這項建案陷入危機而停工，不久之後就被廢棄了。二〇一〇年時，儘管有人請願至少保留一棟房舍做為某種類型的博物館，但所有的「飛碟」房舍仍然都被拆除了。[1]

編注1　1980年代初期，為搭上一波海濱度假風潮，地主於三芝建造了數座飛碟造型的度假屋，卻因周轉不靈而停工，荒廢到2008年底，為新北市政府拆除。

蔚山(Ulsan)

南 韓

釜山(Busan／Pusan)

日

廣島市(Hiroshima)

山口縣(Yamaguchi)

對馬市(Tsushima)

本

壹岐島(Iki-shima)

福岡市(Fukuoka)

佐賀縣(Saga)

大分市(Ōita)

五島群島
(Gotō-rettō)

長崎市
(Nagasaki)

熊本市(Kumamoto)

端島
(Hashima Island)

九州
(Kyūshū)

宮崎市(Miyazaki)

鹿兒島市(Kagoshima)

太平洋

東中國海
(East China Sea，亦名東海)

種子島
(Tanega-shima)

屋久島
(Yaku-shima)

0　　　　　　　　100 km

40

猶太自治州 (Jewish Autonomous Oblast)

俄羅斯

人們從俄羅斯的一邊
搬到另一邊的成功故事

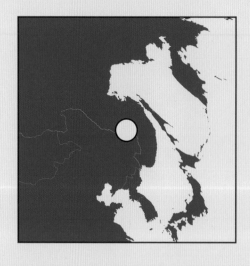

48° 39' 23"N | 132° 17' 15"E

俄　羅　斯

哈巴羅夫斯克邊疆區(Khabarovskiy Kray)

阿木爾州
（Amurskaya Oblast）

阿木爾河

比洛比占(Birobidzhan)

猶太自治州 (Jewish Autonomous Oblast)

哈巴羅夫斯克
(Khabarovsk,
中國稱為伯力)

阿木爾河
（Amur,中國稱為黑龍江）

黑　龍　江

黑　龍　江　省

鶴崗市

中　　國

佳木斯市

雙鴨山市

普列莫爾斯基邊疆區
（Primorskiy Kray）

七台河市

雞西市

興凱湖
(Lake
Khanka)

0　　　　　　100 km

如果你檢視一幅遠東地區的地圖，仔細往日本北方看，你會注意到一座屬於俄羅斯的庫頁島；再注意看這座島嶼的西北部，你會發現島嶼對面的海岸位置，就是水勢強勁的阿木爾河河口處。繼續往阿木爾河上游「航行」幾百公里之後，你就會遇到俄羅斯的大城市哈巴羅夫斯克（Khabarovsk，中國稱為伯力）以及鄰近該城的兩條邊界：中俄邊界，以及俄羅斯唯一自治州（省）——猶太自治州（JAO）——的邊界。

遠東地區的猶太自治州？眾所皆知，古羅馬人使許多猶太人離鄉背井，離開了巴勒斯坦；這些人在歐洲找到了新家，主要是在南歐（西班牙），但中歐與東歐也有。這些中歐與東歐的猶太人，許多就是位於俄羅斯帝國（也就是後來的前蘇聯）的領土之中。

一九三〇年代中葉，以史達林為首的蘇聯當局決定要給蘇聯境內各個種族與族群組成自治區的機會，使它們能夠在蘇聯體系中自由地發展自己的文化、語言以及傳統。這些民族之中，有些是在其大多數人民已然定居的相同所在地，建立起自己的自治省（舉例來說，德意志蘇維埃共和國建立於窩瓦河下游，正是大多數俄羅斯德國人居住的所在）；但其他則是被重新安置到最高政府單位選定的地區，不論是出於自願或是被迫——而猶太人正是後者的情況，因為猶太自治州的成立的時候，他們大部分定居於俄羅斯的歐洲部分（亦即現在的烏克蘭、白俄羅斯、波羅的海國家以及俄羅斯西部）。

這塊沿著阿木爾河河岸、正對著中國滿州的偏遠溼地，被選定為猶太自治省的位址，為「蘇聯的錫安」（Soviet Zion）奠定了基礎；猶太無產階級文化的發展，被預見為某種通往宗教與民族主義者的猶太復國主義（Zionism）之門戶。為了更便於發展這項計畫，猶太自治州中強制使用的是意第緒語（Yiddish，基本上是深受斯拉夫語影響的德語，是中歐的猶太人所使用的語言），而非受宗教影響的希伯來語。當這個省被選為猶太自治州的所在地時，還是一片幾乎杳無人煙的荒地；包括首府比洛比占（Birobidzhan）在內的所有城鎮，都是在一九三〇年代中期被建立起來的，雖然首批猶太定居者早在大約十年前就已來到了該區。

儘管當局大力宣傳，決定穿越國土、遷移到這座自治州的猶太人還是少之又少；這意味著，該區的猶太定居者始終相當稀少。二次大戰之後，該區的人口數量達到最多，但即便如此，全部的居民中也只有四分之一是猶太血統。儘管人數不多，在文化層面上，猶太社區仍在猶太自治州占有重要的一席之地，擁有許多猶太學校、劇院、報紙以及重要的作家。

如今，猶太自治州是俄羅斯最富裕的地區之一，有著高度發展的工業、農業以及密集的交通網絡；自由貿易區的地位、可觀的礦產資源、大片優質造林與糧食產地，都是這座猶太自治州欣欣向榮的原因。

以其名稱為這座自治州命名的猶太民族，現今僅占了該州不到百分之二的總人口數。儘管如此，在幾個猶太人占大多數人口的村莊中，仍然持續教授著意第緒語，當地最重要的報紙也仍然有好幾頁持續刊登意第緒語的新聞。

41

英國皇家屬地 (British Crown Dependency)

曼島（Isle of Man）
澤西島（Jersey）與根息島（Guernsey）

這座島嶼擁有世界上現存
最古老的議會

曼島 54° 15' 14"N | 4° 31' 32"W
海峽群島 49° 29' 26"N | 2° 11' 53"W

盧斯灣
(Luce Bay)

蘇格蘭

索爾韋灣(Solway Firth)

曼島(Isle of Man),
英國皇家屬地

北愛爾蘭
(Northern Ireland)

英格蘭

道格拉斯

愛 爾 蘭 海

安格雷斯島
(Anglesey／
Ynys Môn)

威爾斯

0　　　　20 km

不列顛群島包含了兩個主權國家：大不列顛暨北愛爾蘭聯合王國（英國），以及愛爾蘭共和國。前者由四個政治實體所組成，包括英格蘭、蘇格蘭、威爾斯以及北愛爾蘭，分別擁有某種程度的自治權，此四大政治實體與其周圍的許多島嶼一起組成了英國。英國周圍有許多小島，但有些與其他島嶼截然不同——因為它們並不屬於英國或者歐盟，而是以「英國皇家屬地」的通稱而聞名於世。

皇家屬地為島嶼領土，是英國王室的自治屬地，但這些島嶼並不屬於英國，也迥異於英國海外領土。每個島嶼與英國連結的緊密程度不盡相同，而且幾乎所有的法律與法規都是由當地政府所制定——有關國防與國際代表性的法律與法規除外。英國政府對皇家屬地沒有任何影響力，反而是取決於這些屬地是否認可英國政府的決定（事實上，最近英國政府甚至決定要減少干預這些島嶼的外交事務）；同時，海關與移民服務也完全由它們自行掌控。

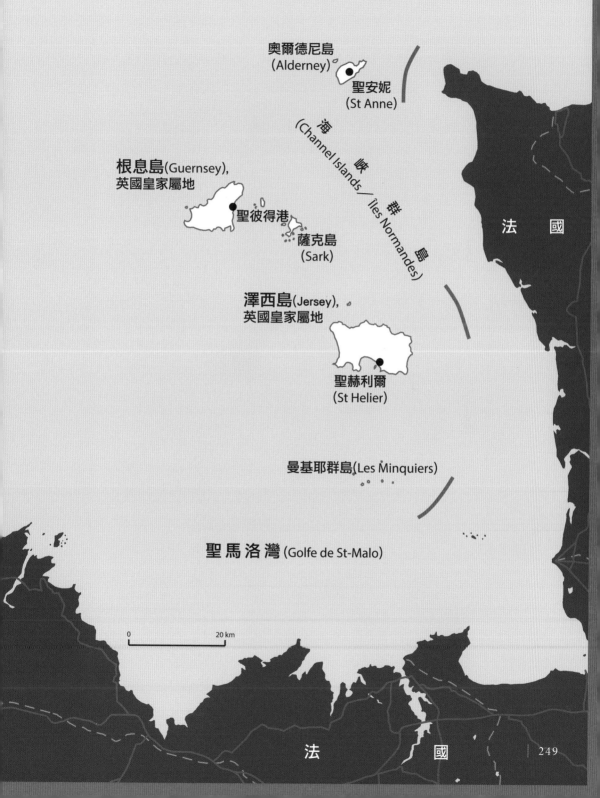

英 吉 利 海 峽

奧爾德尼島
(Alderney)

聖安妮
(St Anne)

海 峽 群 島
(Channel Islands／Îles Normandes)

根息島(Guernsey),
英國皇家屬地

聖彼得港

薩克島
(Sark)

法 國

澤西島(Jersey),
英國皇家屬地

聖赫利爾
(St Helier)

曼基耶群島(Les Minquiers)

聖 馬 洛 灣 (Golfe de St-Malo)

0   20 km

法 國

249

目前，下列島嶼擁有皇家屬地的地位：

曼島（Isle of Man），位於英國與愛爾蘭之間的愛爾蘭海上，占地超過五百七十平方公里，居民約八萬人。曼島雖不屬於歐盟，但與歐盟在貨物的自由流通上達成了協議，並與英國之間有著關稅同盟的協定；由於曼島的稅率極低，許多公司都將總部登記在這裡。國家的元首是英國君主，擁有曼島領主（Lord of Mann）的頭銜（不論英國君主是國王或女王，這個頭銜始終是不變的）。曼島的議會（Tynwald）被許多歷史學家認為是世界上最古老的議會之一（成立於十世紀末，出現於最古老的冰島議會之後僅約四十年），也是全世界第一個賦予婦女大選投票權的國家立法機構。島上大約半數的人口都是凱爾特人（Celtic），當地的蓋爾語（Gaelic）是曼島語（Manx），一種深受英語與北歐語（Nordic）影響的語言；雖然會說曼島語的人口不超過二千人，仍有許多人致力於振興這種語言。

澤西島（Jersey），位於英吉利海峽，是海峽群島（Channel Islands）中最大的一座島嶼。海峽群島這個名稱，僅與地理實體（而非政治實體）有關。這座群島距離法國諾曼第海岸僅約二十公里之遙，數座島嶼之中有些是無人島。澤西島並不屬於英國，但英國根據其憲法，必須負責澤西島的國防事務；同時，澤西島與歐盟的特殊關係使得該島雖非歐盟正式會員，也可以自由貿易。英國君主以諾曼第公爵（Duke of Normandy）的頭銜統治澤西島，在島上則由一位首長代為行使治理職權。澤西島人口約十萬，占地約一百二十平方公里，主要語言為英語，一小部分人會說澤西語（Jèrriais），一種來自諾曼第附近的諾曼語（Norman）。

根息島（Guernsey）是位於海峽群島的兩座英國皇家屬地中面積較小的一座島嶼，占地約七十八平方公里，人口約六萬五千，其中大約只有百分之二的人會說流利的根息語（Guernésiais）；根息語就像澤西語，也是諾曼語的一種變化版。根息島皇家屬地的領土範圍，除了與其同名的根息島之外，還包括了有人居住的薩克島與奧爾德尼島（皆有各自的議會）以及周圍的一些無人島；薩克島（Sark）與奧爾德尼島（Alderney）雖然屬於根息島皇家屬地，卻擁有極高的自治權，與根息島及英國關係緊密。受到過去封建制度的影響，薩克島的法律制度極為錯綜複雜，儘管許多人認為它是歐洲最後一個封建國度或領土。屬於海峽群島的澤西島與根息島，代表了中世紀諾曼第公國的最後遺跡，也是二次大戰期間唯一被德國占領的英國領土。

編注　英國在 2016 年 6 月 23 日的全民公投中，支持離開歐盟，2020 年起進入脫歐過渡期。英國脫歐後，英國皇家屬地與英國、歐盟之間的關係或將受到影響。

42
德國綠化帶

政治分歧與意識形態的鴻溝，
為大自然提供了生態的避風港

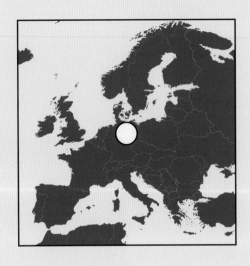

北海

丹　麥

波羅的海

荷蘭

阿姆斯特丹

漢堡

柏林

波　蘭

漢諾瓦

德

國

比利時

萊比錫

盧森堡

盧森堡

法蘭克福

布拉格

捷克共和國

法　國

紐倫堡

列支敦斯登

瓦杜茲

奧　地　利

伯恩

瑞　士

義　大　利

0　　　　100 km

近四十年來,「鐵幕」將歐洲分隔為東西兩半,一道非正式卻牢固異常的邊界,從歐洲最北端的挪威與俄羅斯邊界,延伸到黑海的保加利亞與土耳其邊界。這道不可逾越的政治與意識形態的實體障礙,在分裂的德國尤其顯著;東西德之間的界線,是由金屬圍籬、高牆、有刺鐵絲網、瞭望塔以及地雷區所組成。為了更有效地監視這道邊界,東德當局要求在邊界線周圍保留相當寬廣的區域,遂演變成一種「無人區」;結果就是,從波羅的海到東德、西德與當時的捷克斯洛伐克(現在的捷克共和國與斯洛伐克)的三國邊界區形成了一條走廊,大約一千四百公里長、數百公尺寬。該區幾乎沒有任何人類的活動,沒有農業耕種、沒有林地管理;除了邊防警衛之外,這塊區域沒有任何人能越雷池一步。

大自然利用這種不尋常的情勢,迅速接管了東西德之間的整個「鐵幕」區。東西德統一之後,邊界被拆除了,在許多生態組織、德國聯邦政府以及各邦政府的幫助下,原來的鐵幕被綠化帶取代,旨在盡可能多利用先前的邊界做為自然保護區,並盡可能增加若干鄰近綠化帶的自然公園。

目前,這項目標已在相當程度上被實現了。綠化帶上的某些地區必須被歸還給原來的擁有者,有些部分則被用來建蓋新的道路(德國擁有全世界最密集的路網之一);另外有些地區因為沿線有大型工業設備,使其無法被利用做為自然場域。此外,由附近各邦、聯邦政府以及不同的非政府組織所捐贈的若干重要區域的新增,都納入綠化帶中,至今已有超過半數的鐵幕地區被成功地囊括在這座綠化帶之中了。

這座綠化帶如今成了無數鳥類以及動植物的棲地，也成了原始自然的熱愛者所珍視的旅遊勝地。綠化帶所帶來的另一個好處是，它一網打盡了德國三種主要的景觀：北部的海岸、中部的平原以及南部的矮丘，這些自然特色都可在此被一覽無遺。

德國綠化帶是未來歐洲綠化帶（European Green Belt）雛形的一部分，沿著以前鐵幕走廊的整條路線延伸下去，這項計畫的口號是「邊界分隔開來，自然連結起來」（Borders separate, nature connects）。

除了上述的德國綠化帶，世界各地也有許多類似的情況，所謂的「非自願公園」（involuntary park）就在這些地方被建立起來。這種非官方的自然保護區因各種理由而存在，有些是邊界地區周圍或之間的分隔區域，譬如：在聯合國控制之下的賽普勒斯綠線（Cyprus Green Line）；南北韓邊界上的非軍事區；以及香港與中國大陸之間的邊界區。有些是大型的軍事區，包括：新墨西哥南部的美軍白沙導彈試驗場（White Sands Missile Range）──占地近八千三百平方公里；以及蒙特貝羅群島（Monte Bello Islands）──一座有著一百五十多個島嶼的澳大利亞群島──這是英國在一九五〇年代進行核武試驗的所在。還有些曾經遭受重大災難（地震、海嘯、工業意外事故）侵襲，如今已回歸大自然懷抱的其他地區，都已不再適合人類活動。

43

安道爾公國 (The Principality of Andorra)

一個加泰隆尼亞的獨立國家，
卻由西班牙主教與法國總統
共同治理

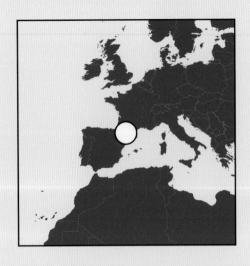

42º 30' 22"N | 01º 31' 18"E

法　國

安　道　爾 (Andorra)

安道爾城

西班牙

法　國

0　　　　　10 km

國家可以根據不同的政府形式來分類，最常見的是共和國與君主國，而共和國又可以進一步地細分為總統制、議會制或是混合制，端視誰是最高的權力機構。在君主制之下，可能是一個帝國（目前只有日本的統治者擁有天皇的頭銜）、王國、公國、蘇丹國或酋長國等，不同體制的統治者有不同的頭銜（通常為世襲）。君主制可以是專制的，統治者囊括所有權力，也可以是立憲的，由國家憲法規定君主與議會的關係。

綜觀歷史上，曾經出現過各種不尋常的政府形式。以安道爾公國的情況來說，歷史關係就是一切的根源。

安道爾公國是個內陸小國，坐落於庇里牛斯山上、法國與西班牙之間，平均海拔高度將近兩千公尺，最低點在八百四十公尺處。安道爾人屬於加泰隆尼亞民族，因此，以目前來說，安道爾是唯一獨立的加泰隆尼亞國家。

據傳，安道爾是在法蘭克王國皇帝查理曼（或稱查理曼大帝）時期將土地授予人民，做為他們對抗西班牙穆斯林摩爾人（Moor）的獎賞時所建立。十世紀末，加泰隆尼亞城市烏爾傑（Urgell）的天主教主教被賦予了這個國家最高的權力；一個世紀之後，當時的主教意識到安道爾需要軍事力量的保護（直到那時，安道爾連一支軍隊都沒有），遂與法國富瓦伯爵（Count Foix）簽訂了一項保護合約；到了十三世紀末，這項協定被轉換成共同治理安道爾的一份協議，同意安道爾成為公國，由兩位君主（烏爾傑主教與富瓦伯爵）共治。隨著時間過去，富瓦伯爵的權利透過征服占領與婚姻關係的方式，移交給了法國國王；其後又隨著君主制的廢除，而落入法蘭西共和國的總統之手。

因此，目前對於安道爾公國的不尋常統治，就很容易懂了：由兩位皆非安道爾人的君主共同治理，一位是宗教人物（烏爾傑主教，由一位外國國家元首，也就是教宗任命）；另一位是在鄰國的民主選舉中當選的人——但也不是由安道爾人選出！這種一個國家由兩位君主共治的制度，被稱為雙頭政治（diarchy），相當特殊，也就是說，一個統治者可以同時是共和國的總統以及君主國的統治者（親王）。這種不尋常的政府形式形成了一種獨特的組合，亦即，一個共和國與一個經選舉而非世襲的君主國，結合成為某種獨特的部分共主邦聯（partial personal union）（「部分」意指，安道爾的兩位統治者中只有一位是另一個國家的「統治者」或總統）。

二十世紀末，安道爾制定了新的憲法，將兩位統治者的職權縮減為主要在出席節慶典禮等活動。

安道爾並非歐盟的成員，但與歐盟關係特殊。安道爾境內目前使用的是歐元，但在之前，法國法郎與西班牙比塞塔皆可通用。[1]雖然安道爾本身有發行郵票，而且深受集郵家珍視，但安道爾並無任何郵遞服務，而是使用西班牙與法國的郵政業務。

安道爾占地四百七十平方公里，居民約八萬五千人，並擁有全世界第二高的平均壽命。[2]每年超過一千萬名遊客的到訪人次，使得觀光旅遊業成了這個位於庇里牛斯山中獨一無二的公國之主要經濟活動。

說明：共主邦聯代表由一個人所統治的兩個或多個獨立國家之共同體，這樣的一個共同體是由完全獨立的國家所組成，仍然保有其國際主體性。由於這些國家有一個共同的統治者，它們通常只會共享與國家元首有關的政治活動，極少共享任何其他的活動。

編注1　1999年以前，安道爾採用法國法郎與西班牙比塞塔，之後則使用歐元。
編注2　安道爾目前（2019年）人口約為七萬八千人。

44

卡普里維地帶 (Caprivi Strip)

納米比亞

一項巧妙的計畫，卻被
一條無法通航的河流擊敗了

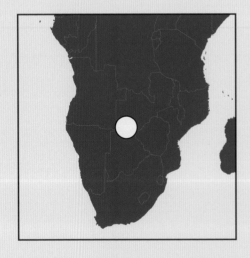

17º 52' 51"S | 23º 11' 32"E

尚比亞

安哥拉

尚比西(Zambezi)

卡普里維地帶(Caprivi Strip)

卓比(Chobe)

奧卡凡哥(Okavango)

辛巴威

波札那

納米比亞

0 50 km

征服探險與殖民強權，是世界各地許多不尋常邊界存在的原因。非洲南部的中央就有一個這樣的例子，代表了某種紀念碑，誌記著人類的……這麼說吧，過度樂觀。

十九世紀末，英國、葡萄牙、德國在非洲南部三分天下，大致說來，英國統治了現在的南非、波札那、辛巴威以及尚比亞地區；葡萄牙占領了安哥拉與莫三比克；而德國則將納米比亞、坦尚尼亞、蒲隆地（Burundi）以及盧安達（Rwanda）納為己有。由於當時德國與英國關係頗佳，兩國遂於十九世紀末簽訂了英德協定，根據協定條款，英國把位於北海、深具重要戰略地位的小島黑爾戈蘭（Heligoland）送給德國，德國則將它在富饒的尚吉巴（Zanzibar，現在距離坦尚尼亞海岸不遠處的一個自治島區）的利益回贈予英國。除此之外，德國還可以得到卡普里維地帶（Caprivi Strip），位於納米比亞東北部一塊異常狹長的土地。

卡普里維地帶之名來自於當時的德國首相列奧‧馮‧卡普里維（Leo von Caprivi），他希望在兩座德國殖民地——德屬西南非（今日的納米比亞）與德屬東非（今日的坦尚尼亞、蒲隆地以及盧安達）——之間，建立起更好的聯繫管道。為了實現這個願望，德國戰略家們認為，最好的方法就是讓納米比亞有管道可以通往尚比西河；沿著尚比西河往下航行，德國船隻就可以進入莫三比克海峽，這座海峽位於莫三比克與馬達加斯加之間的印度洋，然後從這裡即可往北，以最短的航程到達坦尚尼亞。英國也同意把這塊狹長的地帶贈予德國，讓納米比亞可以通往宏偉的尚比西河岸；因此，卡普里維地帶（四百五十公里長、二十公里寬）終於可為德國人提供納米比亞與坦尚尼亞之間的快速運輸連結。至少理論上是如此沒錯。

但實際上，對德國人來說，這項作為毫無意義，因為尚比西河的大部分流域都是無法航行的。首先，尚比西河屬於德國的部分充滿了險峻的湍流，使得任何船隻都難以航經此區。再者，卡普里維地帶往下游約八十公里處就是知名的維多利亞瀑布，有一百零八公尺的高度，根據許多人的說法，它是世界上最大的瀑布。即便在今日，這些瀑布對船隻來說，都代表著一道不可逾越的障礙。接著，再往下游數百公里來到莫三比克，卡波拉巴薩（Cahora Bassa）湍流（如今是一座人工湖）又是航行於尚比西河的另一道障礙。此外，有一項航行的危險是鯊魚（尚比西鯊魚），牠們經常在河口往上游的數百公里處被發現。

對德國人或者之後獨立的納米比亞來說，卡普里維地帶後來被證明毫無用處可言。這整個地區不但環境惡劣，文化上也隔絕於納米比亞其他地區之外。由於這個地帶的居民都是族群部落，與鄰國族群部落的關係比他們與納米比亞的關係更接近，從而導致了若干衝突（最大的衝突發生於一九九九年）——目的是使卡普里維脫離納米比亞。不過截至目前為止，納米比亞的武裝部隊仍可成功地將卡普里維地帶與無法馴服的尚比西河河岸地區，維持於其管轄之下。

大海中央的人造工業重鎮

40º 14' 29"N | 50º 51' 28"E

裏　　　海

亞塞拜然

阿布歇隆半島
（Absheron Peninsula）

巴庫(Baku)

油岩城(Oil Rocks)

0　　　　10 km

世界首批石油鑽井平臺開始於十九世紀末，先是出現在湖上，不久之後就出現在海上。這些平臺的標準設計往往如出一轍：由一座平臺（包括工作人員的住處）以及各種抽取石油的泵管（位於平臺下方，並從海床之下不知多少公里的深處，將石油抽往地表）組合而成。然而，有一座石油鑽井平臺卻發展成為一整座城市。

油岩城（亞塞拜然語為內夫特達拉里〔Neft Dailari〕）是屬於亞塞拜然首都巴庫（Baku）的一個工業據點，距巴庫約一百公里，離最近的海岸約五十五公里。這座城鎮是由大型石油系統與其他平臺共同組成，以多座公路長橋相連，其中許多橋梁都是建蓋在故意沉沒到海底以充當地基的船上。油岩城不但是亞塞拜然的第一座石油鑽井平臺，也是全世界第一座功能性的海上平臺。

這座平臺與大多數平臺的不同之處在於，它也是一座功能齊備的城鎮，在某些時期的居民人數甚至超過兩千人（最多的時候大約有五千人）；今日，大約

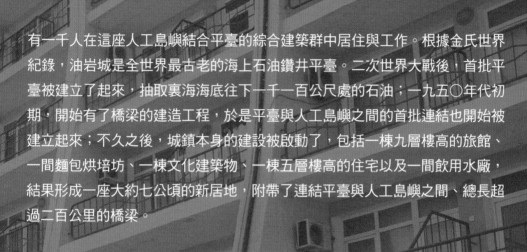

有一千人在這座人工島嶼結合平臺的綜合建築群中居住與工作。根據金氏世界紀錄，油岩城是全世界最古老的海上石油鑽井平臺。二次世界大戰後，首批平臺被建立了起來，抽取裏海海底往下一千一百公尺處的石油；一九五○年代初期，開始有了橋梁的建造工程，於是平臺與人工島嶼之間的首批連結也開始被建立起來；不久之後，城鎮本身的建設被啟動了，包括一棟九層樓高的旅館、一間麵包烘培坊、一棟文化建築物、一棟五層樓高的住宅以及一間飲用水廠，結果形成一座大約七公頃的新居地，附帶了連結平臺與人工島嶼之間、總長超過二百公里的橋梁。

隨著時間的推移，其中有些平臺已被廢棄並任其腐朽，也有多座橋梁傾頹或不再具備連結兩地的功能。然而，油岩城仍在使用的部分，近年來已開始進行設施升級作業，包括建設擁有綠地與運動場的大型公園，以及住宅建築群全面整修與翻新。

亞塞拜然的油岩城

46
塞爾維亞──克羅埃西亞邊界的無人區

邊界沿河而行，
直到河流改變方向

45º 48' 10"N | 18º 54' 19"E

匈牙利

多瑙河

塞爾維亞

巴奇卡
(Bačka)

巴拉尼亞
(Baranja)

貝利馬納斯蒂爾
(Beli Manastir)

松博(Sombor)

辛加島
(Siga Island)

克羅埃西亞

阿帕丁(Apatin)

奧西耶克
(Osijek)

德拉瓦河

0   10 km

南斯拉夫（經過血腥過程）解體之後，從社會主義聯邦的廢墟中形成的各國，試圖逐步改善彼此之間的關係，其中一項要務就是澄清彼此邊界的確切位置，以避免可能發生的衝突事件。

前南斯拉夫境內的大部分邊界，是由最高當局——主要為南斯拉夫共產黨——所決定，南斯拉夫分裂之後，這些邊界多被認可為新國家的邊界；其中，有些原本定義不明確的國內邊界，也是在變成國際邊界之後，問題才浮現出來。

塞爾維亞與克羅埃西亞之間的邊界，情況便是如此。流經這段邊界的多瑙河，為兩國提供了一條自然分界線，塞爾維亞認為，邊界應該是沿著多瑙河中央劃分；但克羅埃西亞則認為，實際的邊界線應該沿著地籍（cadastral municipality）的邊界來劃分，而這些地籍的邊界，是於十九世紀根據多瑙河當時河道的路線而劃定的。自其時起，多瑙河的路線偶爾會有更動，有時是人為的更動，為的是縮短航程或降低河水氾濫成災的風險。這也是為什麼如今克羅埃西亞要宣稱擁有多瑙河左岸約一萬公頃的土地（如今仍在塞爾維亞的控制下）。然而事實上，這條大河右岸約兩千公頃的土地仍屬塞爾維亞所有。邊界的爭議在二次大戰後迅速浮現，但在之前，內部的邊界問題並無明顯的重要性，所以就像灰塵般被「掃到地毯下掩蓋起來」了。

直到現在，兩國之間的這段（暫時性的？）邊界認定，仍是根據塞爾維亞的意見，也就是說，位於多瑙河中央。根據克羅埃西亞的說法，多瑙河右岸約兩千公頃的土地需歸屬於塞爾維亞，但是，塞爾維亞並不想要這塊土地，因為若是如此，它就必須正式承認多瑙河左岸的一萬公頃土地屬於克羅埃西亞所有。這意味著，位於右岸的辛加島（Siga Island，代表著「無人區」）這座巴拉尼亞（Baranja）與巴奇卡（Bačka）之間的河中島嶼，即便它自行宣稱是塞爾維亞的屬地，如今仍是由克羅埃西亞所掌控。而除了辛加島之外，多瑙河右側還有好幾座較小的島嶼。

當然，塞爾維亞並不認為辛加島是無人區，而是克羅埃西亞的一部分。這種含糊不清的狀況將會持續到兩國終於在邊界問題上達成協議，或是直到國際仲裁強制執行一項解決方案；第三個選項，但也是最不可能的一項，就是宣布該領土上有一個新的獨立國家，譬如最近宣布「獨立」的利伯蘭自由共和國（Free Republic of Liberland）[1]與恩克拉瓦飛地王國（Kingdom of Enclava）。[2]

說明：要確定河流兩側的方位，想像你就站在河中央，背對河流的源頭並面對河口下游方向；這時，河流左岸就在你的左側，右岸則在你的右側。

編注1　利伯蘭自由共和國是由捷克人於2015年創立的私人國家，聲稱擁有位於塞爾維亞和克羅埃西亞交界處的七平方公里領土。
編注2　恩克拉瓦王國是一群波蘭人於2015年創立的私人國家，在斯洛維尼亞和克羅埃西亞之間。

47
亞陀斯山（Mount Athos）

世界上唯一一個
全為男性人口的地區

40° 09' 31"N | 24° 19' 39"E

希　　臘

薩索斯島
(Thasos)

哈爾基迪基(Chalkidiki)

亞陀斯山(Mount Athos)

卡里埃(Karyes)

錫索尼亞
(Sithonia)

薩爾帝
(Sarti)

卡桑德拉(Kassandra)

愛　琴　海

0　　　　　　25 km

在希臘北方，亞陀斯（Athos）既是一座山、也是一座半島——哈爾基迪基半島（Chalkidiki）較大的三條「腿」之一。由於山上有二十間東正教修道院，因此亞陀斯山通稱為「聖山」（Holy Mountain，希臘文為 Ἅγιον Ὄρος）；在古時，這座半島則被稱為阿克特（Akte）。

亞陀斯山是在希臘統治下的一個自治政體，大約有兩千名修士住在這座半島上，半島占地約三百九十平方公里，長六十公里，寬七至十二公里。八世紀末，首批僧侶與修士來到這座半島；十世紀下半葉，亞陀斯山修道院社區開始以大拉伏拉修道院（Monastery of Great Lavra，希臘語為 Μονή Μεγίστης Λαύρας）為基礎而形成，一座又一座的修道院，開始在亞陀斯山林木茂密的山坡與海岸上建立起來。鄂圖曼帝國統治時期是亞陀斯山修道院社區最艱難的一段日子，當時修道院被徵收以高額的賦稅，雖然土耳其人並未對亞陀斯山的內部事務多加干預。

二十世紀初，希臘軍方解放了包括亞陀斯在內的整個哈爾基迪基地區，接下來數年，希臘與俄羅斯因聖山的主權而關係緊繃；一次大戰之後，這座半島成了希臘的一部分。二次大戰以及德國占領希臘期間，應其政府要求，聖山受到了希特勒的保護，使它得以歷經戰亂而幾乎毫無損傷，依然保持原貌。

根據今日的希臘憲法，聖山修士國（Monastic State of the Holy Mountain／Monastic State of Agion Oros）代表希臘的一處自治領地，由二十間主要的修道院共組成「神聖社區」（Holy Community）。卡里埃（Karyes）是聖山的首府與行政中心，也是擔任希臘代表的州長官廳所在地。聖山上所有的修道院皆受君士坦丁堡普世牧首（Ecumenical Patriarchate of Constantinople）直接管轄——儘管許多修士對普世牧首與羅馬天主教教宗（Roman Catholic Popes）的會面多持反對態度。

亞陀斯山當局是由二十間修道院（神聖社區）各派出一位代表以及一個執行機

構（由四位成員成立的神聖政府〔Holy Administration〕）共同組成，並以首席修士（Protos）為首。所有修士皆自動獲得希臘國籍。普通人也可以拜訪聖山，但必須滿足兩個條件：獲得特別許可，並且不得為女性。

幾乎所有雌性物種都被禁止進入聖山，然而聖山上唯一不受這條規則所約束的雌性動物，就是母貓跟母雞了（前者是為了捕鼠，後者是為了生蛋，而蛋黃則被用來當成繪製肖像的染料）。十四世紀時，塞爾維亞強大的皇帝杜桑（Serbian Emperor Dušan the Mighty）將他的妻子海倫娜皇后帶上亞陀斯山，以保護她免受瘟疫之害；但為了表示對女性不得進入聖山這項禁令的尊重，皇后一直被放在轎上搬來運去，並未真正踏足聖山的土地。

由於這項女性不得進入亞陀斯山的禁令違反了兩性平等的普世原則，在二〇〇三年，歐洲議會（不成功地）呼籲廢除這項規定。由於聖山在某種意義上是一個國家，這項規定實際上意味著，聖山是世界上唯一一個人口全為男性的國家。

希臘在簽署《申根公約》時，同時對亞陀斯山的特殊地位提出了一項聲明：容許這個修士國家只需遵守部分的協定。

亞陀斯山另一個奇特而有趣之處是其使用的曆法以及計時的方式。山上的修道院使用的是儒略曆（Julian calendar），儘管希臘全國與教會皆已在兩次大戰之間改成使用所謂的儒略改革曆（Revised Julian calendar），有些其他的東正教教會與國家（保加利亞、羅馬尼亞、賽普勒斯、君士坦丁堡牧首等）也是如此。儒略改革曆是由塞爾維亞科學家特普科維奇（Maksim Trpkovi）與米蘭科維奇（Milutin Milankovi）所提出。同時，聖山仍然使用古老的「拜占庭時間」（Byzantine time）來計時，故日落代表著00:00；而由於一年中每天白晝的時間長短不定，顯示「拜占庭時間」的手錶通常必須每週一次以手動方式加以調整設定。

詞彙表

三境交界點（tripoint）或三境邊界（tri-border）：三個國家或三個地區邊界的單一交會點。

內飛地（enclave）：一片領土完全被另一個國家的領土包圍住。

主權國家／邦（州）／領土（sovereign country／state／territory）：獨立且不受任何其他權力當局管理的一個國家、邦（州）或領土。

四境交界點（quadripoint）：四個國家或四個地區邊界的單一交會點。

外飛地（exclave）：部分的領地或國土，從本國領土出發後只能穿越另一片領土或另一個國家才能抵達。

民族（nation）：通常指一個國家及其社會與政治結構，也可以指一個文化族群，但並無正式定義的領土，也不是一個較大的主權實體之下的分支，通常具備鮮明的特徵或文化，譬如蘇格蘭。

共管地（condominium）：來自拉丁文的 con-dominium，即「共同所有權」，意指兩國或多國對於某一特定領土的共同管理與權責。

多境交界點（multipoint）：多個境內邊界的單一交會點。

有爭議的邊界（disputed boundary）：至少有兩方（舉例來說，兩個鄰國）對其有爭議的一段國際或國內邊界。

行政區（administrative area）：一個國家中負責治理當地事務的一個地區或區域。國家／主權政府可將特別的自治權授予／移交給行政區。

走廊（corridor）：一條狹長的地帶，把兩個地區連結起來，或是為一個國家提供一條經由另一個國家領土出海的路線。

兩國四境交界點（binational quadripoint）或邊界交叉點（boundary cross）：兩個國家的四個區域邊界之單一交會點。

逆內飛地（counter-enclave）：一座內飛地之中的另一座內飛地。

鬼城（ghost town）：被廢棄的村莊、城鎮或者城市，通常殘留有大量可見的遺跡，也適用於某些尚未被完全廢棄、但人口已顯著減少的居地。

停火（ceasefire）：互相交戰的國家或團體同意停戰的一項協議，實際上可能是暫時或永久的。一條停火線通常會標示出參戰者之間暫時的領土邊界，有些停火線在正式解決方案尚未達成的情況下，會持續長達數十年之久。

國家（country）：世界的政治單位之一，涵蓋了一片特定的土地區域，通常是一個主權國家或獨立國家。

國家／境內邊界或分界線（country／internal border or boundary）：兩國或兩個區域之間的邊界或分界線，亦即將兩地劃分開來的那條線。

專屬經濟區（exclusive economic zone, EEZ）：一個國家主張對其海岸周圍的海域與海床擁有捕魚或石油開採等之專屬權。

組合四境交界點（combined quadripoint）：三個國家的四個區域邊界之單一交會點。

無主之地（terra nullius）：不屬於任何主權國家的土地。

準內飛地（pene-enclave）或半內飛地（semi-enclave）：一片領土在地理上與本國完全分隔開來，但並未被他國領土完全包圍；也適用於有部分邊界是海岸線的內飛地（例如阿拉斯加、直布羅陀）。

領土（territory）：由一個特定主權所控制的一個地區。這個詞語具備與所有權相關的多種用法，可用來描述一個區域、國家或者地區。一座附屬的領土並沒有完整的主權，而是在一個國家的掌控下，可被授予一定程度的自主治理（自治權）。

謝辭

來自作者的附記

本書中的數據資料長期收集自各種不同的來源，而其中最主要的來源是維基百科、《大英百科全書》以及眾多網站（我要特別提及 geosite.jankrogh.com 這個網站）。

撰寫這本書的過程十分漫長，隨著書寫的進展伴隨而來的是不眠的夜晚與模糊的視線。倘若沒有我的愛妻兼好友丹妮拉（Danijela Radoman Nikolić）的協助，這一切將會更加困難。在閱讀我的初稿時，她宛如我的編輯、我的第一位讀者，以及我最寶貴的顧問。同時，我也非常感謝我的小兒子鮑里斯（Boris Nikolić），即使在經歷長時間的打字、試圖撰寫出有意義的文章等種種折磨之後，他也總是能逗我笑。我還要特別感謝娜達·米洛薩夫列維奇（Nada Milosavljević），她迅速地將我的塞爾維亞原文翻譯成易於理解的英文內容。也要感謝哈潑柯林斯出版公司（HarperCollins Publishers）的每一位工作人員，尤其是很棒的專案負責人維拉·唐納奇（Vaila Donnachie）以及資料編輯傑特羅·倫諾克斯（Jethro Lennox），倘若沒有他們的經驗與支持，這本書將永無付梓之日。

地圖與圖片來源

地圖部分

Pages 33, 37, 41, 45, 49, 53, 57, 61, 65 inset, 71, 73, 75, 83, 101, 103, 105, 107, 117, 125, 129, 133, 141, 157, 161, 167, 169, 173 inset, 175, 177, 181, 183, 193, 197, 201, 205, 209, 213, 217, 221, 257, 265, 269, 273, Map data © OpenStreetMap contributors

Pages 65, 79, 87, 91, 111, 127, 137, 145, 151, 153, 155, 161 inset, 163, 173, 189, 225, 231, 233, 235, 237, 239, 241, 243, 247, 249, 253, 261, Maps © Collins Bartholomew Ltd

Page 95, Map, CC BY-SA 4.0 / Eric Gaba

Page 163, Map, CC BY-SA 3.0 / Aotearoa

圖片部分

Page 50, Vennbahn trail, Panther Media GmbH / Alamy Stock Photo

Page 54, Café in Büsingen am Hochrhein, Zoran Nikolić

Page 99, Martín García Island, CC BY-SA 3.0 / Silvinarossello

Page 113, Peñón de Alhucemas, TravelCollection / Alamy Stock Photo

Page 123, Boundary Bay, Point Roberts, Shutterstock / Max Lindenthaler

Page 134, Diomede Islands, NASA Image Collection / Alamy Stock Photo

Page 144, North Sentinel Island, NASA / public domain

Page 149, Four Corners Monument, USA, Shutterstock / Oscity

Page 159, Jabal Hafeet mountain, Leonid Andronov / Alamy Stock Photo

Page 165, Ellis Island, Shutterstock / Felix Mizioznikov

Page 171, Neuwerk, Shutterstock / Gerckens-Photo-Hamburg

Page 179, Point Perpendicular Lighthouse, Jervis Bay, Shutterstock / Julian Gazzard

Page 185, Plymouth, Montserrat, Westend61 GmbH / Alamy Stock Photo

Page 190, Assembly Building, Chandigarh, Glasshouse Images / Alamy Stock Photo

Page 210, Border mark, Gorizia/Nova Gorica, Zoran Nikolić

Page 218, Martelange, (public domain)

Page 229, Pry"pyat', Ukraine, Shutterstock / Alexandra Lande

Page 234, Kolmanskop, Namibia, Shutterstock / Kanuman

Page 238, Craco, Italy, Shutterstock / illpaxphotomatic

Page 250, Fort Grey, Guernsey, Shutterstock / bonandbon

Page 254, German Green Belt, Thuringia and Hesse, imageBROKER / Alamy Stock Photo

Page 266, Oil Rocks, Shutterstock / AVVA Baku

春山之巔 003

不尋常的邊界地圖集：
全球有趣的邊界、領土和地理奇觀
The Atlas of Unusual Borders: Discover Intriguing Boundaries,
Territories and Geographical Curiosities

作者	佐蘭·尼科利奇 Zoran Nikolić
譯者	林資香
總編輯	莊瑞琳
主編	王梵
行銷企畫	甘彩蓉
封面設計	盧卡斯
內頁排版	張瑜卿

出版	春山出版有限公司
地址	11670臺北市文山區羅斯福路六段297號10樓
電話	(02) 2931-8171
傳真	(02) 8663-8233

總經銷	時報文化出版企業股份有限公司
地址	桃園市龜山區萬壽路二段351號
電話	(02) 2306-6842

製版	瑞豐電腦製版印刷股份有限公司
初版一刷	2020年7月
定價	620元

國家圖書館出版品預行編目(CIP)資料

不尋常的邊界地圖集：全球有趣的邊界、領土和地理奇觀
／佐蘭·尼科利奇（Zoran Nikolić）著；林資香譯
─初版·─臺北市：春山出版，2020.07─面；公分·─（春山之巔；003）
譯自：The Atlas of unusual borders : discover intriguing boundaries,
territories and geographical curiosities
ISBN 978-986-99072-3-1（平裝）　　1.世界地理 2.地圖集

716　　　　　　　　　　　　　　　　109007738

填寫本書線上回函

EMAIL SpringHillPublishing@gmail.com
FACEBOOK www.facebook.com/springhillpublishing/

World as a Perspective

世界做為一種視野